教養として学んでおきたいニーチェ

岡本裕一朗

マイナビ新書

はじめに

本書は、ドイツのフリードリヒ・ニーチェ（1844〜1900年）について教養として学びたい方のためのものです。彼は、19世紀も終わりに近づく頃、ニヒリズムの到来を予言した哲学者です。しかし、どうしてニーチェを学ばないといけないのでしょうか。

ニーチェの哲学は、オーソドックスなスタイルではありませんし、その内容にしてもバランスよく論じられているわけでもありません。むしろ、人物としては奇人・変人と言った方がよく、その主張は極端なものが多いのです。そのため、教科書的な哲学の本を求めるのであれば、あまり適した哲学者とは言えません。

ところが不思議なことに、ニーチェは哲学者の中で最も人気のある人物なのです。しかも、日本だけでなく世界的に見ても、その人気は衰えることがありません。必ずどこかでニーチェに関連した書籍が出版され、ニーチェにまつわるカンファレンスが開催されています。ライトノベルやコミックの主役にさえなっています。こんな哲学者は他にはいません。ニーチェのどこに、それほどの魅力があるのでしょうか。

その根本的な理由は、私たちがいま当然のことだと見なしている考えが、実はニーチェに由来するからです。私たちはニーチェを一度も読んだことがないのに、知らず知らずのうちにニーチェ的に考えています。いわば、意識するかどうかに関わらず、ニーチェの掌の上で踊らされているのです。

たとえば、ニーチェは次の2世紀（20、21世紀）がニヒリズムの時代だと予言しましたが、私たちはそのど真ん中にいます。かつては真・善・美といった価値について、すべての人が同じ基準をもつと考えていました。それに対して、最近は「ダイバーシティ（多様性）」が唱えられ、相対主義が流行しています。ニーチェはすでに19世紀の時点で、この状況を想定していました。

とすれば、ニーチェ哲学を学ぶのは、まったく未知のものを知ることではなく、むしろ自分自身をはっきりと自覚することになるでしょう。今まで気づかなかったことや、新たな思考の可能性などを発見することもできます。ニーチェを偉大な哲学者というより、自分の身近にいる一人の友人として付き合ってみてください。

ニーチェは人気がありますから、研究書だけでなく入門書や解説書もたくさんあります。とすれば、あらためて一書をつけ加える必要はないように思えます。実際、私自身そう考えていました。しかしながら、仕事柄いろいろな場所でニーチェ哲学について語る機会がありますが、たいてい参考文献を尋ねられます。しかし、私が話した内容とうまく合うような本がありませんでした。そんなことが度重なり、自分で書いてしまおうということになったのです。ですので、本書は、私が折にふれて話したニーチェ哲学をまとめたものになっています。

読んでいただくとわかりますが、本書では同じテーマが違った角度から何度も論じられています。少々くどいと思われるかもしれませんが、もともとそれぞれのテーマが密接に関連していますから、ひとつの話から他のことに移っていくように解説しているので、内容が少しずつ違うことに注意してください。たとえば、ニーチェが使う概念の源泉に関する話でも、章によって取り上げるものが違っていますが、矛盾しているわけではありません。全体として、考えていただくことをお願いします。

本書はニーチェ哲学の知識を提供することだけが目的ではありません。むしろ、ニーチェの考え方を示しながら、読者のみなさんがニーチェになったつもりで、考えていただくための本です。「あなたがニーチェだったら、世界はどう見えるだろうか?」これが、本書のねらいです。哲学を学ぶ目的は、物知りになるためではなく、哲学者の視点を通して自分なりに考えてみることにあります。ニーチェの本を直接読んでも、すぐにはわかりづらいので、その一助になれば幸いです。

教養として学んでおきたいニーチェ

目次

序章　ニーチェって、どうして人気なの？

第1章　ニーチェを知ると、何が変わるか？

第2章 神が死んで、どうなるか?――「神は死んだ」

第3章　生きる意味なんてない――「ニヒリズム」

第4章　真実はひとつではない――「パースペクティブ主義」

第5章 妬みが道徳を生み出した――「ルサンチマン」

第6章　人間の向こうに何があるか──「超人」

第7章　遊び、そしてパロディ──「永遠回帰」を生きるヒント

ニーチェ関連年表

１８４４年（0歳）	牧師の長男として生まれる
１８４６年（2歳）	妹のエリーザベトが生まれる（〜１９３５年） キルケゴール（１８１３〜１８５５年）が『現代の批判』を出版
１８４８年（4歳）	マルクス・エンゲルスが『共産党宣言』を出版
１８６０年（16歳）	ショーペンハウアー（１７８８〜１８６０年）が死去
１８６４年（20歳）	ボン大学に入学。神学と古典文献学を専攻、次の年ライプツィヒ大学へ移る
１８６５年（21歳）	ショーペンハウアーの『意志と表象としての世界』を読み感激する
１８６８年（24歳）	ワーグナー（１８１３〜１８８３年）の音楽に心酔

1869年（25歳）	スイスのバーゼル大学の員外教授（古典文献学）に就任
1872年（28歳）	デビュー作『悲劇の誕生』を出版
1879年（35歳）	バーゼル大学教授を退職
1881年（37歳）	「永遠回帰」の思想のアイデアが生まれる
1882年（38歳）	『悦ばしき知識』を完成させる
1883年（39歳）	『ツァラトゥストラ』を書きはじめる
1884年（40歳）	『ツァラトゥストラ』（第1部第2部第3部）を出版
1885年（41歳）	『ツァラトゥストラ』第4部を私家版として印刷
1886年（42歳）	『善悪の彼岸』を自費出版、『悲劇の誕生』（「自己批判の試み」付加）の新版を出版
1887年（43歳）	『悦ばしき知識』第2版、『道徳の系譜学』を自費出版
1888年（44歳）	『偶像の黄昏』、『アンチクリスト』を完成、『この人を見よ』（出版は1908年）を完成

1889年（45歳）	イタリアのトリノで昏倒、手紙をさまざまな人に送る
1890年（46歳）	母に連れられて、故郷に戻る
1892年（48歳）	母などによる最初の全集発行の企画
1894年（50歳）	妹による第2回の全集企画
1899年（55歳）	妹による第3回の全集企画
1900年（55歳）	ワイマールで、肺炎により死去

序章

ニーチェって、どうして人気なの？

すべての深い精神は仮面を必要とする。いな、それどころか、すべての深い精神のまわりには絶えず仮面が生長する。彼の発する一語一語、彼の足取りの一歩一歩、彼の生のしるしの一つ一つが、絶えず間違った解釈に、すなわち浅薄な解釈にさらされるためなのである。

『善悪の彼岸』40節（ニーチェ全集11／信太正三 訳／ちくま学芸文庫）

世界中で人気のある哲学者

現代の日本において、哲学者の書籍、中でも一般向けの書籍で最も名前が出てくる哲学者と言えばニーチェではないでしょうか。これは日本に限った話ではありません。英語圏をはじめ、フランスでもドイツでも、やはりニーチェは人気がある哲学者です。それではどうして人気があるのでしょうか？　まずはその理由について、この序章で考えていきたいと思います。

第一に、哲学者としての魅力が挙げられると思います。哲学説そのものは抜きにして、哲学者として魅力があるかどうか。そもそもニーチェという人物は、おそらく多くの人が哲学者に抱くであろうイメージを裏切りません。

ニーチェがいかにも哲学者であるというイメージは、彼のエキセントリックな生き方が非常に大きく作用しているのではないかと思います。ただ、ニーチェの生い立ちからその生涯をただただ年譜的に追っても面白くないので、ここではエピソード的なものをピックアップしてみようと思います。

もともとは古典文献学が専門だった

1844年にドイツで生まれたフリードリヒ・ニーチェですが、彼のもともとの専門分野は〝古典文献学〟でした。ギリシャとかラテンといった古典文献の研究をしていて、大学に通っているときに古典文献学の権威である教授に認められたのが最初です。

そして、将来を嘱望され、博士論文もなければ、大きな著作もないにも関わらず、24歳という若さで、バーゼル大学の員外教授という、通常では考えられないような人事で彼は赴任します。員外教授というのは、日本で言うところの昔の助教授のようなポジションなのですが、翌年には正教授になります。

おそらく、最初から教授というのは難しく、まずは員外教授として採用されたのではないかと思いますが、いずれにせよ、これは非常に大きな抜擢で、それから3年後にデビュー作となる『悲劇の誕生』という本を出版します。

酷評されたデビュー作『悲劇の誕生』

この『悲劇の誕生』は、彼にとって最初の出版物で、非常に重要な著作ではあるのですが、自分を抜擢してくれた教授に著作を送ると、酷評されて、古典文献学の学会からは追放同然の状態になってしまいます。

学者の世界というのは、昔も今も非常に狭い世界ですから、その道の権威である教授に酷評されてしまうと周りの人もニーチェのことをまったく評価しなくなるのです。そのため、授業を行っても専門の学生は誰も受講せず、専門外の学生が数名出席するに過ぎないという状況になってしまいました。

ある意味、『悲劇の誕生』が酷評されたことが、ニーチェにとっては大きな運命というか、人生のターニングポイントになっています。もし教授から『悲劇の誕生』が評価されていたら、その後のニーチェ、現在語られているようなニーチェはおそらく生まれなかったのではないかと思います。

その後、ニーチェは35歳という若さで大学を退職し、二度と大学に勤めることはありませんでした。非常に早い人生の進み方ではありますが、大学でまったく相手にされないという状態が、ニーチェを哲学の道に強く進ませる大きなきっかけになったのかもしれません。

わずか10年間の活動

大学を退職してから、ニーチェは精力的に著作活動を行い、非常に脂が乗った時期を過ごすのですが、この期間は10年間に留まります。大学を退職してから10年後、45歳のとき、イタリアのトリノの広場で昏倒し、ニーチェは発狂してしまうのです。そして、それからのおよそ10年間、狂気の境を彷徨いながら、1900年、20世紀を迎える直前に生涯を閉じることになります。

最後の10年間は、まさに廃人同然で、著作活動は基本的に行っていません。ですから、彼自身が完成させた最後の著作のひとつは、『この人を見よ』という自伝的な著作になると思います（厳密には、数か月後に他にも書いています）。

彼の興味深い哲学者としての側面は、最後に出した『この人を見よ』という自伝にあるのですが、まずその目次を見ると、ほとんどの人が笑ってしまいます。なぜなら、「なぜ私はこんなに賢明なのか」「なぜ私はこんなに利発なのか」「なぜ私はこんなに良い本を書くのか」といった項目が並んでいるからです。このように自分の生涯を語る人はおそらくいないでしょう。

これを見た人は、ニーチェは自意識過剰であるとか、自分に対して非常に強い自信を持っていたのではないかと思うのが一般的です。しかし、そんなことを意に介さずに書いてしまうところが、おそらくニーチェの特色だと思います。もちろん、倒れる前に書いている本ですから、非常に論理立っていて、支離滅裂なものではありません。

昏倒した直後に送られた手紙

さて、イタリアのトリノでニーチェが倒れたシーンは非常に有名です。ある馬車の馬が鞭打たれているのを見て、その馬に寄り添いながら抱擁し、そして涙を流しながら昏倒するという、映画のワンシーンのような話が伝えられています。

それがどこまで本当なのかは別にして、トリノの広場で昏倒した直後に、ニーチェは次のような手紙を送っていました。

私が人間であるというのは偏見です。…私はインドに居たころは仏陀でしたし、ギリシアではディオニュソスでした。…アレクサンドロス大王とカエサルは私の化身ですし、ヴォルテールとナポレオンだったこともあります。…リヒャルド・ワーグナーだったことがあるような気もしないではありません。…十字架にかけられたこともあります。…愛しのアリアドネへ、ディオニュソスより
（ニーチェ全集別巻2所収「ニーチェ書簡集Ⅱ　詩集」／塚越敏、中島義生　訳／ちくま学芸文庫）

こういった手紙をいろいろな人に書き送っていたのです。これを受け取った人は、当然のように大丈夫かといって訪ねてきたのですが、それから数週間のうち

に彼は精神病院に入りました。

ちなみに、この手紙はコジマ・ワーグナーという、ワーグナーの妻に送ったものなのですが、まるで自分のパートナーであるかのようなイメージで書かれています。こういったものが形になって残っているのも、ニーチェが興味深い人間であることを証明するひとつの大きなポイントになっているのです。

人間関係も興味深い

ニーチェは、その生涯が非常にエキセントリックであるのと同時に、人間関係も非常に興味深いものがあります。彼が一番最初に書いた『悲劇の誕生』という本では、彼よりも少し先輩の哲学者であるショーペンハウアー（注1）の説を全面的に受け入れます。

ニーチェは若い頃、ショーペンハウアーや同時代の音楽家であるワーグナー（注2）に対して、心の底から惚れ込み、入れあげます。言うなれば尊敬とか崇拝といったレベルで持ち上げるのです。

しかし、ある時期からは完全に袂《たもと》を分かち、逆に非常に強い形で批判をするようになります。しかもこれが、さまざまな人に対して繰り返されるのです。ただこれについては、ニーチェ自身が書いている非常に面白い文章があります。

いつまでも弟子にとどまるのは、恩師に報いる方法ではない。

本当の弟子というのは、恩師を打倒して初めて弟子であるということですが、これは有名なニーチェの著『ツァラトゥストラはかく語りき』（以下、『ツァラトゥストラ』）にも書かれていますし、『この人を見よ』という自伝の中にも書かれています。つまり、自分の恩師を批判し、そして打ち倒すということによって、初めて弟子は弟子たりうるという考え方が、ニーチェの中に非常に強くあったのだと思います。

だからこそ、古典文献学の恩師に『悲劇の誕生』を送って、彼との不和を引き起こしたのも、ある意味ニーチェの考え方からすれば至極当然のことだったのかもしれません。その恩師の下で、ぬくぬくと、良い弟子でとどまっていたら、おそらく後のニーチェはなかったでしょう。彼のやり方は、古今東西の多くの哲学者たちが自分の先生に対してとった態度を自覚的な形で明示したものだったのです。

実際、自分を引き上げてくれた恩師から、酒飲みのグダグダした本だと酷評され、古典文献学会からは追放されるという憂き目にあった『悲劇の誕生』は、ワーグナーとショーペンハウアーを絶賛する本でした。しかし、その14年後、第2版を出すときに、「自己批判の試み」という序文のような文章を追加するのですが、そこではワーグナーとショーペンハウアーをこっぴどく批判します。

このように、チグハグなようで、実は一貫している恩師と弟子の関係性というものも、非常に興味深いニーチェの特徴と言えるのです。

好調ではなかった女性関係

ニーチェの人間的な面白さとしては、少し下世話な話ではありますが、ルー・サロメ(注3)との関係性など、スキャンダラスな面もしばしば話題にされます。彼は生涯を独身で過ごすのですが、決して女性嫌いというわけではなく、女性に対して何度か求婚をしたりしています。ただ、それが普通ではなく、結婚できるような人に対してそういった行動は取っていないのです。特にコジマ・ワーグナーなどは、ワーグナーの妻であるのにも関わらず、非常に強く惹かれて、愛を告白したりするのです。

しかし残念なことに、彼女たちの回想録などを読むと、ニーチェをそういった対象として見ていたようにはとても思えません。その意味で、女性に対する態度、付き合い方、関係性について、あまり上手く立ち回ることができなかったのかもしれません。『ツァラトゥストラ』などを読むと、少しカチンとくるような女性蔑視的な表現も少なくありません。

そのあたり、時代的な状況などを踏まえながら読むべきポイントではありますが、いずれにせよ、女性との関係性は決して好調ではなかったように思えます。恩師に対して弟子としてずっと従順に振る舞うことができない。女性とも素敵なパートナーとして生きることができない。人間関係については、かなり苦労していたのではないかと思います。

仮面＝多面性を愛する哲学者

〝仮面を愛する〟というのがニーチェの非常に大きな特色として語られます。この章の序文にもあるように「すべての深い精神は仮面を必要とする」と言っており、仮面という形でさまざまな人格について語るのですが、それは人格の〝多面性〟を意味するのと同時に、心理や知識の〝多面性〟、そして〝パースペクティブ（遠近法）〟という形で説明されます。

ニーチェは、その考え方だけでなく、彼自身も多面的だし、さらにいえば、彼の知識論そのものも多面性ということを強調します。

おそらくニーチェの考え方や思想は、単純にニーチェ自身が変わった人物というか、人間として非常に面白かったというだけではなく、その〝多面性〟という部分が、現代の私たちと共通するひとつの大きなイメージになるのかもしれません。〝仮面〟を強く主張し、知識そのものの多面性を強調する。その意味で、ニーチェは多面性の哲学者であり、その影響を受けた哲学者も少なくないのです。

ニーチェの文章の特徴

ニーチェの魅力は、そういった発想の現代性に加えて、文章の面白さにもあります。多くの場合、哲学者の文章というのは論文調の堅い文章になりがちですが、ニーチェの文章はとても短く、寸鉄のような感じでバシバシ打ち込まれるアフォリズム形式になっています。これは、今まで多くの人に言及されていますが、その理由についてはあまり解明されていません。

キットラー(注4)の解釈では、ニーチェは大学を辞める頃、かなり目が悪く、失明同然になっていたため、ちょうどその頃に売り出されたタイプライターを使うようになったのが原因であるとされます。タイプライターを使うと、通常の論文で書くような文章ではなく、非常にストレートで、短い形での文章になりやすく、これがニーチェ特有の文章になったというわけです。

私たちがパソコンで文章を書くときは、書いている文章をそのまま画面で見ることができます。ところが、ニーチェが使っていたタイプライターだと、書いている途中は文章を見ることができません。ともかく打ちきって、ようやく全体を見ることができます。つまり、思いついたことをそのまま書くしかなかったので、こねくり回したような文章を作るのが逆に難しかったのではないかと思われるのです。

手書きからのスタイルの変化というのは、私たちが手紙に長い文章を書くのではなく、スマートフォンを使ってツイッター（Twitter）やLINEで短い文章をやりとりするようになったのと近いものがあります。ニーチェの文章は、キットラーの言い方をすると〝電報文体〟という電報のような文体になっています。それが、普通の哲学者にはない文章の面白さを引き出したというのは、ひとつの解釈として非常に面白いと思います。

その場その場での仮面を楽しむ

ニーチェの場合、本当の人格と偽物の人格という発想がありません。すべてが仮面であり、虚像であると言うのです。逆に言えば、自分自身のありのままをさらけ出すという発想がないわけです。だからこそ〝仮面を愛する〟と言われるのですが、人はその場その場で仮面を変えているのに過ぎないというのはニーチェの主張です。

キャラ変なんて言うのも、ニーチェにとっては当然のことで、〝本当の自分〟なんて発想はまさにプラトン主義(注5)でしかないのです。ニーチェに言わせれば、「そんなものはどこにあるの？」といった感じで、〝本当の〟というのを彼は最も嫌うのです。

ニーチェは演技をするのが好きで、サロメと友人と3人で写っている有名な写真には、馬車に乗っているサロメが、ニーチェともうひとりの男にムチを向けている姿が写されています。この写真は、ニーチェがポーズを提案して、わざわざ撮影したものなのですが、その意味でも、ニーチェは非常に遊び心があって〝本当の私〟とか〝本当の人格〟といった発想がなく、その場その場での仮面を楽しもうとするのです。

逆に、いろいろな形でキャラクターを変えながら、〝本当の私〟をわかってほしいと言う人がいます。それは、せっかくニヒリズムだとか、多様性の時代だとか言っておきながら、自分に関しては多様性のないものを求めているわけで、せっかくニーチェが予言した路線に乗りながら、ニーチェ以前の発想を繰り返そうとしていることになるのです。

私たちは無意識にニーチェの哲学を受け入れている

あらためて〝哲学者〟としてのニーチェの魅力を考えましょう。なぜ今ニーチェが語られるかと言うと、もちろん人気があるからというのもひとつですが、おそらく現代人の考え方の基礎を作ったのがニーチェであるというのが大きな理由になります。

私たちはほとんど意識することなく、ニーチェの考え方を受け入れて生きているのではないかと思えることが少なくありません。たとえば、「この世に絶対に正しいものはあると思いますか？」とか「この世に絶対に良いというものはあると思いますか？」「この世に絶対美しいものはあると思いますか？」といった質問に対して、ほとんどの人は「そんなものがあるわけないじゃないか」という反応を返すと思います。

この考え方を最初に打ち出した人こそがニーチェであり、それによってニーチェが世界的に受け入れられ、人気がある理由のひとつになっているのです。「絶対にこれが正しい」とか「絶対にこれが美しい」なんて言葉に対して、私たちはシニカルな、ちょっと醒めた目で反応します。そして、「絶対に正しい」とか「絶対に美しい」という言葉に対しては否定的です。それとは逆に、「人それぞれの正しさがある」とか「人それぞれの考え方がある」とか「人それぞれの美の基準がある」といったほうが受け入れやすいかもしれません。これを理論的な形で打ち出したのがニーチェなのです。

ニーチェの影響力というのは非常に大きく、しかも、哲学者だけに対する影響力ではなく、ほとんど私たちの中の一般常識にまでなっています。しかし、これがニーチェから来ているということは、ニーチェを研究したり、本を読んだりしない限り、誰も意識することはありません。その意味で考えると、ニーチェの影響を受けたと言うよりも、ニーチェはこの流れを見通していたというほうが正確かもしれません。

私たちはニーチェの掌の上で動いている

次章以降であらためて詳しく解説しますが、ニーチェの一番大きな主張であり、予言は「次の2世紀はニヒリズムの時代である」というものです。彼は19世紀の人間なので、次の2世紀というのは、20世紀と21世紀を指すのですが、ここで言うところの〝ニヒリズム〟というのは、絶対的にこれが正しいとか、絶対的にこれが良いとか、絶対的な価値や基準、意味、目的といったものが、すべて無くなるということを意味しています。そういった絶対的なものが、20世紀に完璧に壊れて、21世紀になっても修復することができないというわけです。

事実、21世紀に生きる私たちは、誰もそんな絶対的なものがあるとは基本的に思っていません。だから、民族、文化、社会、あるいは歴史、いろいろな形でいろいろな違いがあったときに、すべてに共通の、これこそが正しいということを打ち出すことができないのです。

このニーチェの予言というのは、『権力への意志』という本に書かれているもので、必然的な歴史的な事象であると語っています。

つまり、来たるべきものであり、しかも他のあり方はないのだという形で、「次の2世紀はニヒリズムの時代である」と表現しているわけです。これがニーチェの一番大きな出発点になっています。すべてはここから始まるわけです。

そして、ニヒリズムの時代が到来して、絶対的な正しさとか、目的とか価値、そういったものが消えてしまったら、何が正しいとすれば良いのか、どうやって生きていけば良いのか、という問題が生じます。しかし、それに代わるようなものを打ち出した人は誰もいません。だから、その後の話はすべてニーチェの掌の上で動いていると言っても過言ではないのです。

彼が〝ニヒリズム〟という形で表現したものは、単にニヒルな見方をするというよりは、〝絶対的な基準なんてものはない〟ということを意味するもので、それをあからさまに公言したのはおそらくニーチェが最初の人であり、ある意味、私たちはその末裔なのです。ニーチェの考え方は現代の我々にとって非常に腑に落ちやすいものであり、だからこそ、多くの人がニーチェに惹かれるのだと思います。

時代によって異なるニーチェの解釈

これまでにニーチェがどのように理解されてきたかは時代によって異なります。ニーチェは多面的であるという話をしましたが、当然のように画一的なニーチェ像があるわけではなく、時代によって、さまざまなニーチェ理解、ニーチェ解釈がありま す。つまり、ニーチェの解説本などを読む際は、どの時代の解釈に則っているものかを先に押さえておく必要があります。

・実存主義としてのニーチェ

彼が亡くなってすぐの20世紀初頭は、実存主義（注6）の先駆者としてニーチェを理解するのが主流でした。自分自身の生き方、人間というのは自分自身を乗り越えていくものだ、自己超克すべきものだ、そうした形でニーチェを理解した人が、ヤスパースやハイデガーといった実存主義の哲学者に多かったのです。

そして実存主義者としてのニーチェのイメージは、キャッチフレーズ的に言えば〝暗いニーチェ〟で、人生の苦悩や自分自身の生き方を真剣に思い悩むニーチェが、実存主義的な解釈のひとつの大きな方向になっていました。

・ナチスに利用されたニーチェ

1930～40年代には、大きなトピックとして、ニーチェがナチスに利用されたというのがあります。ニーチェをナチスに売り込んだのは、ニーチェの妹なのですが、ヒトラーも、ニーチェが言うところの〝超人〟という概念がまさに自分に当てはまるというイメージを持っていたフシがあります。ただ、ヒトラーはニーチェを1行も読んでいなかった、と言われています。

また、ニーチェの思想からは、優生学的な考え方を読み取ることができます。〝人間の種を育てる〟といった表現も使われますし、〝強者と弱者〟という思想が、当時のナチスの考え方と強く結びついたのです。そして、ニーチェは文章の中で、〝金髪族〟、あるいは〝ブロンドの野獣〟という表現を使い、積極的に評価します。これがドイツ民族のもととなるアーリア人を描いたものだと理解されてしまったのです。

これは本来、ギリシャの英雄時代の話なのです。〝道徳〟を強く否定するという考えから、〝英雄〟的な人々をニーチェは非常に強く評価するのですが、その評価が、〝ブロンドの野獣〟をアーリア人と解釈することによってナチスに利用されるのと同時に、ニーチェがナチス的であるという批判の根拠となってしまったのです。ニーチェは、〝強者と弱者〟で〝弱者〟を批判したり、民主主義を批判したりするので、共鳴する部分がまったくないとは言えなかったので、ナチス・ドイツの御用哲学者であるように理解されてしまったわけです。

それはナチスが敗北するまでずっと続き、第二次世界大戦後もニーチェの本が禁書扱いになったり、ニーチェについて論じることは基本的に許されないという風潮がありました。

その大きな流れを作ってしまったひとつに、『権力への意志』という本があります。〝権力〟と言うと政治権力のようなイメージで、しかもナチス・ドイツの権力を想起させるため、最近では『力への意志』と訳されることも少なくありません。しかし、これは明らかな誤解で、そもそもニーチェが死んだのは1900

年ですから、ナチスに加担などできるはずもないのです。とはいえ、ニーチェの表現の中に、ナチスが利用できそうな部分がいくつもあって、それをひとつの大きなスローガンとして利用されたというのは事実です。

・ポストモダンとしてのニーチェ

そのため、今でこそ人気のニーチェですが、戦後しばらくは語ることも許されない状況が続きました。それが変わったのはおそらく1970年代くらい、ヨーロッパやアメリカでポストモダン（注7）のような論調が流行した時期に、これまでの実存主義ともファシズムとも違う形でのニーチェ像が語られるようになったのです。

ニーチェの持つ多面性や軽やかさ、しなやかさ、そういった発想はポストモダンの根本ではないかと考えられ、その中でもポストモダンの哲学者であるリオタールは、〝大きな物語は終わった〟という表現を使いました。これはニーチェのニヒリズムの焼き直し、つまり〝神は死んだ〟の焼き直しであり、おそらくニーチェを意図的に使っているのだと思います。このようにして、ポストモダンの哲学者たちがニーチェを非常に強く評価したことによって、ニーチェの思想が、現代的な装いを持つようになったという部分があります。

・自己啓発としてのニーチェ

ニーチェの思想がナチスに利用されたのとは別に、ここ最近では自己啓発のためにニーチェが利用されるケースも増えています。実際、ニーチェには自己啓発向きのワードもたくさんあって、抜き出そうと思えばいくらでも抜き出せるのです。ただし、ニーチェ自身が自己啓発を意識していたかと言うと、決してそういうことはありません。

ニーチェの根本は、あくまでも〝ニヒリズム〟という問題をどう捉えるかという発想です。その意味では、「生き甲斐のために、自己向上を目指そう」といった発想にニーチェが立つことはありえないのです。

ナチスにせよ、自己啓発にせよ、ニーチェの使うワードが強く、メッセージ性を持つがゆえに起こったことだと言えるかもしれません。

『権力への意志』と言えば、政治とか支配とか服従といったことをイメージとして含んでしまうのは、当然と言えば当然です。しかも、ニーチェがそれを無自覚に使っていたかというと、それも少し微妙で、しっかり自覚しているフシが見られます。彼は〝弱者〟について語るとき、「出来損ないはどうすればいいか？そんなのは消えてしまえ」みたいなことを平気で言ったりします。

それをそのままストレートに読むと、ひどい差別主義者のようにも見えます。しかも、彼はそれを意図的に言っているのです。『権力への意志』も、もしかしたら政治権力とか支配とか服従という風に誤解されるかもしれないということをわかった上で、彼は使ったのです。わざと。にっこり笑いながら……。

ニーチェが提示した「思考のメガネ」

道徳の基本とも言える〝隣人愛〟をニーチェは批判します。そして、隣人というのは近くの人ですから、遠い人、つまり〝遠人愛〟というものを対置させるのです。その〝遠人〟こそが、人間からもっとかけ離れた能力を持つという意味で〝超人〟となり、隣人愛を批判しながら、遠人愛、つまり〝超人愛〟を説くわけです。彼はこのように、言葉の強さを自覚的に使う部分があるため、非常に誤解を受けやすいのですが、その誤解を恐れてもいなかったのです。

彼の文章は、今で言えばツイッター（Twitter）のように、短い文章であるがゆえに、人の心にも刺さりやすいし、誤解も受けやすい。しかし、その誤解を恐れて、ぐだぐだと遠回しに書くようなこともしませんでした。そもそもニーチェにとって〝本当の意味〟なんてものはありませんから、周りがどう解釈しようとどうでも良かったのかもしれません。

実際、『ツァラトゥストラ』について、すべての人に対する本であると同時に、誰に対する本でもない、とニーチェは言っています。そして、自分が理解されるまでに数世紀かかるという自覚があったので、同時代の人に理解されることを期待していませんでした。ただ、まったく期待していなかったというわけでもないようで、無視されると彼自身も落ち込んだりしたようです。

ニーチェの思想は、現代人のスタイルそのものであるとはいえ、彼はそれを作り上げようと思っていたわけではなく、どちらかというと、それを予言したのであって、だからこそ、現代の人々に受け入れられるのだと思います。私は、哲学の基本、哲学者の仕事は、自分のコンセプトを読者や世界に投げかけて、ものの見方を提示することだと思っていて、それを「思考のメガネ」と呼んでいます。

この本は、ニーチェの哲学を知識として解説するものではありません。それは、すでにたくさん出されているニーチェの解説書に譲ります。私たちの考え方や行動の、ある意味で基本的な部分はニーチェが作り上げたように見えるのですが、それをあらためて自覚的に、ニーチェが提示した「思考のメガネ」を使って眺めてみたら、はたしてどのように見えるのか？　その一助になればと思っています。

注1　ショーペンハウアー
アルトゥール・ショーペンハウアー（1788～1860年）。ドイツの哲学者で、厭世主義（ペシミズム）の代表者。カントのほか、プラトンやインド哲学の影響を受ける。主著は『意志と表象としての世界』。

注2　ワーグナー
ヴィルヘルム・リヒャルト・ワーグナー（1813～1883年）。ドイツの作曲家・指揮者。数多くの歌劇を手掛けた。ドイツ三月革命にも参加。代表作は『タンホイザー』『ローエングリン』『ニーベルングの指環』など。

注3　ルー・サロメ
ルー・アンドレアス・サロメ（1861～1937年）。〝ザロメ〟と表記されることもある。ロシアの将軍の娘として生まれ、著述活動のほか、フロイトに師事し、精神分析家としても活動した。

ニーチェのほか、オーストリアの詩人であるライナー・マリア・リルケなど幅広い交友関係を持つ。

注4　キットラー
フリードリヒ・キットラー（1943〜2011年）。ベルリン大学でメディア論と史学の教授を務めた。メディアテクノロジーに注目した著書『グラモフォン・フィルム・タイプライター』（1986）にて、ニーチェのタイプライター使用について言及。

注5　プラトン主義
プラトンによる哲学、およびプラトンの哲学に強く影響を受けた哲学体系の総称。

注6　実存主義
「人間においては実存が本質に先立つ」という考え方で、本質（本質存在）に対して実存（現実存在）を優位とする思想。キルケゴールに端を発する20世紀の有力な哲学潮流のひとつで、ドイツのハイデガー、ヤスパース、フランスのサルトルらが代表。

注7　ポストモダン
近代からの脱却を目指して、20世紀の中盤から後半にかけて幅広い分野で流行した思想。ポストモダンが流行する中、実存主義は構造主義、ポスト構造主義へと姿を変えていった。哲学としてのポストモダンはフランスのリオタールが提唱。

第1章

ニーチェを知ると、何が変わるか?

私の物語るのは、次の二世紀の歴史である。私は、来たるべきものを、もはや別様には来たりえないものを、すなわちニヒリズムの到来を書きしるす。この歴史はいまではすでに物語られうる。なぜなら、必然性自身がここではたらきだしているからである。この未来はすでに百の徴候のうちにあらわれており、この運命はいたるところでおのれを告示している。未来のこの音楽にすべての耳がすでに耳をそばだてているのである。

『権力への意志』序言（ニーチェ全集12・13／原佑　訳／ちくま学芸文庫）

時代認識が変わる

ニーチェを知ると、何が変わるのか？　この章ではこれについて考えてみようと思います。同時に、次章以降で触れるニーチェ哲学のキーワードを紹介します。

まずは「時代認識」。これがニーチェを読むときの一番基本的な出発点になるだろうと思いますし、この本の出発点もここにあります。「次の2世紀はニヒリズムの時代である」という著書『権力への意志』の冒頭の部分。ここから出発すると、まずは〝ニヒリズム〟とは一体何か？　という話になります。

詳しくは第2章で掘り下げますが、一般的にニヒリズムと言うと、斜に構えたような感じで捉えられがちなものの、それはニヒリズム本来の意味があまり知られていないからです。

ニヒリズムのニヒル（nihil）はラテン語の〝何もない〟を意味する言葉で、英語のnothingにあたります。だから〝虚無主義〟なんて訳されたりもするのですが、この虚無主義とか、何もないという意味でのニヒリズムが一体何を意味しているかと言うと、ニーチェは、価値という言葉の前に〝ent-〟という否定の前綴りをつけることで、〝絶対的な価値がなくなる〟という表現を使っています。

ニーチェの死後に出版された『権力への意志』

ニーチェの遺稿である『権力への意志』は、ニーチェの死後に出版されたもので、ニーチェ自身が完成させた本ではありません。ニーチェの妹が、ニーチェが残した断片から〝権力への意志〟という思想に繋がるものをピックアップして一冊の本にまとめたものです。もちろん、ニーチェの中に〝権力への意志〟という思想があったのは事実ですが、非常に恣意的な編集方針が取られていると言われており、タイトル自体も、ニーチェが構想した中の最終案ではありませんでした。

序章でも述べましたが、ニーチェをナチスに売り込んだのはこの妹であり、彼女は反ユダヤ主義者だったため、ニーチェは一時期非常に嫌っていました。ただし、彼女が積極的に売り込んだおかげで、ナチスの経済的なバックアップを受けて、ニーチェの全集が出版されたという事実を考えると、良かれ悪しかれ、ニーチェという思想家がメジャーになった理由のひとつにもなっています。

なお、昔は『ツァラトゥストラ』と『権力への意志』がニーチェの主著とされていました。結局、ニーチェの思想は〝永遠回帰（永劫回帰）〟と〝権力への意志〟だからです。その意味でも、『権力への意志』は、間違いなくニーチェの思想をまとめたものですが、ニーチェの場合、政治権力とか支配関係だけではなく、さまざまな生物間の関係もすべて力による関係だと見ていて、力の増大を目指すのは、すべての生物の基本原理だと考えていました。そういったことも踏まえて、現在では誤解を招きやすい『権力への意志』ではなく、『力への意志』と訳されることも少なくありません。

ニーチェが再定義した「ニヒリズム」

ニーチェは、ニヒリズムについて「絶対的な価値が消失すること」「絶対的な目的がなくなること」「絶対的な意味がなくなること」といった表現を使います。

ニヒリズムという言葉そのものは、もともとドイツのロマン主義者たちが使っていた言葉で、ニーチェが初めて使ったわけではありません。

ちなみに、有名な〝神は死んだ〟という言葉もニーチェが最初ではありません。ニヒリズムや〝神は死んだ〟という言葉は、ニーチェが最初に使ったように思われがちですが、言葉としてはすでに存在したものを、ニーチェなりに再定義して使っているのです。

ニーチェ以前のニヒリズムは、絶対的な価値といった言い方は使いません。どちらかと言うと、肯定的なものや華やかなものを求めず、虚無主義的な、あるいは斜に構えて否定的なというイメージが強く、特別な形で定義付けられてはいませんでした。それに彼は定義付けを行い、「絶対的な価値がなくなること」をニヒリズムと呼んだのです。

「絶対的な価値がなくなる」ことの意味

さて、「絶対的な価値がなくなる」といっても、ほとんどの人にとっては、それが何を意味しているのかがわかりにくいと思います。しかし、先にも述べたとおり、「この世に絶対に正しいものはあると思いますか？」とか「絶対に良いと思うものは？」「絶対に悪いものは？」などの問いに対して、「そんなものは何もない」と答える人がいたとすれば、その人はすでにニーチェのニヒリズムを肯定していることになります。その意味では、私たちはまさにニーチェがニヒリズムの到来を予言した、次の2世紀のまさに真っ只中にいるわけです。

実際、私たちは「絶対的な価値」「絶対的な真理」「絶対的な目的」「絶対的な美しさ」といった、誰がなんと言おうと正しい、みたいな発想は持っていません。ある地域、ある時代において、特定の人には美しいかもしれないけれど、それ以外の人には美しくない。

そういったさまざまな基準があり、すべての人に共通の、時間や場所を超越した絶対的なものを認めないのがニヒリズムであり、その意味では〝プラトン主義〟の批判になっています。つまり、すべての人が認めるようなイデア（注1）なんて存在しないというのがニヒリズムなのです。

ニーチェはこうした形でニヒリズムを定義することによって、私たちの真理観、認識観、道徳観、あるいは芸術観などを含めて、それらに対する絶対的な基準というものを否定したのであり、それがひとつの時代認識となるのです。

〝生き方〟に対する考え方が変わる

さらに、ニヒリズムの思想によって、〝生き方〟に関する基本的な考え方が変わってきます。たとえば私たちは、「何のために生きているのか？」ということを考えがちです。〝生きがい〟とか〝生きる目的〟とか〝生きる意味〟とか。ところがニーチェのニヒリズムでは、そんなものはないというのが当然の帰結になります。ニヒリズムの時代には、何のために生きるのかという目的や目標がなくなるわけですから、生きがいとか生きる意味なんて存在しないということになるのです。

それにも関わらず、「何のために生きているのか？」「どうして生きるのか？」という問いは当然のように消えずに残り続けます。この問題について、彼のデビュー作である『悲劇の誕生』の中で、半人半獣の神に「人間にとって一番良いことは何か？」と問うたとき、半人半獣の神は「聞かないほうが良い」と前置きして、「生まれなかったことだ」と答えます。

それは質問している時点で不可能なことなので、それでは二番目に良いことを問うと、「すぐ死ぬことだ」と答えるのです。これがギリシャ時代以来のひとつの大きな知恵として伝えられてきたのです。

この、「生きることそのものをネガティブに捉える」という発想から、『悲劇の誕生』という本はスタートしています。つまり、「生きるということは苦しみであり、この世界に生まれるというのは、非常に悲惨な出来事である」と言うのです。

だからといって、すぐに死ぬということにならないのが『悲劇の誕生』という本の大きなポイントになるのですが、このネガティブな思想はショーペンハウアーの影響を受けたものでした。ショーペンハウアーが〝ペシミズム（厭世主義）〟と言われるのは、生きるということはまさに苦しみであるという発想によるものです。しかし、すぐに死ぬのでなければ、どうやって生きていくのかという問いが残ります。

そこでニーチェは、『悲劇の誕生』の中で、ショーペンハウアーの図式をそのまま使って説明しました。曰く、生きる苦しみを芸術によって一時期忘却する、という解決策です。

しかし、ニーチェはこの図式を最後まで持ち続けませんでした。生きることはまさに苦しみであり、芸術によってのみ救済されるという若い頃に唱えた図式を、のちに〝ロマン主義〟だと言って批判するのです。しかし、ロマン主義でなければ、人生が楽しくなるのかというと決してそういうことはなく、人生が苦しみであるという点は変わりません。

だからといって、芸術によって救済されるという形を取ることもできません。そうなると、もっとひどい話になるわけで、結局、救済の道がなくなっただけなのです。そこで後に彼が〝永遠回帰〟という発想をするとき、生きることが苦しみというのではなく、同じことが永遠に繰り返されるという発想に転換します。

たどりついた結論が〝永遠回帰〟

人が何らかの行為をするとき、そのひとつずつには当然、意味や目的がありま す。AはBのために、BはCのために、CはDのために、といった感じで、次々と繋がっていきます。

たとえば、大学に入るのは勉強するため、勉強するのは卒業するため、卒業するのは就職するため、就職するのは生活をするため……といった具合に繋がっていくのです。しかし、生きる意味が無くなるとか、生きがいが無くなるというのは、これらひとつずつではなく、そのすべてを統括するものの目的や意味が無くなるということであり、それがニヒリズムの一番大きなポイントになります。

「あなたは何のために生きているのか?」と問われたとき、「明日、これをやるから」「明後日にこれがあるから」みたいな感じで、ひとつずつには目的や意味があるかもしれません。しかし、そのひとつひとつではなく、それらのものを超えた全体としての〝生きること〟そのものの目的や意味が無くなるというのがニヒリズムの発想になるわけです。とはいえ、「意味がないのであれば死んでしまえば?」と言われたときに「では死にます」という答えには絶対になりません。

〝永遠回帰〟を生きるために打ち出したモデルが〝超人〟

基本的に意味がなく、同じことの繰り返しであるという〝永遠回帰〟を生きるために、ニーチェが打ち出したひとつのモデルが〝超人〟になります。

彼の発想の中では〝力〟が非常に大きな位置を占めていて、すべてのものは力の関係の中にあると考えます。そして、私たちが知識を得るのは、自分の力を増大させるためであり、自分の力の増大は各自の楽しみや面白さに繋がると考えています。自分自身の力を発揮することができなければ、いかなる状況も楽しむことはできませんし、逆に、いかに楽しむことができるかというのは、いかに自分がその中で力を発揮できるかということに繋がると考えるのです。

この〝力を増大する〟というのが重要で、いかなる問題においても、自分自身の力を増大させることが良いことであるとして、〝力の増大〟の極限状態として〝超人〟を考えたのです。

ニーチェは、物事を認識する場合も力の関係で理解します。それは、道徳の問題も同じです。道徳の場合、彼は〝強者と弱者〟を例に出し、弱者が道徳を作り出したと言います。

なぜ弱者が道徳を作るのかと言うと、強者と弱者が対立した場合、弱者は力で挑んでも対抗できないため、力で対抗することを諦めて、みんなで寄り集まることで、これを〝畜群〟とニーチェは表現するのですが、強者を引きずり降ろそうとするのだと言うわけです。

金や力のない自分たちこそが正しい人間である、力があるからといって何様だ、そんな〝ルサンチマン〟、すなわち妬みを持ち始め、力のある人間を引きずり降ろすことによって、自己正当化を行うのが〝道徳〟であるという発想なのです。

〝権力への意志〟は誰もが持っている

ニーチェ自身は、道徳による自己正当化を一番嫌います。力と力の関係であれば、力で勝負するべきだと考えるのです。力と力の勝負なのに、力以外のものに訴えて、力のある人間を引きずり降ろす。これは許容し難い行為であり、自分たちを欺いていると言うのです。

相手を引きずり降ろすのは自分たちが支配者側につきたいからであるのにも関わらず、力のない自分たちは優しい人間であると言って、道徳心を持ち出すのです。道徳を批判するときにニーチェはこのような言い回しを使うのですが、それは、自分自身を誠実に打ち出すことこそが望ましいと考えているからです。

だから、力で対抗すべきなのに、それを偽り、自分は力がないと言って力のある人を批判しながら、その裏ではみんなで寄り集まって支配者になろうとする。それをまた隠れた〝権力への意志〟であると考えるのです。

〝権力への意志〟、つまり力を増大させたいという意志は、どんなものにもあると考えます。それは決して人間だけでなく、生物界のすべてが力の増大を目指すというのがニーチェの生命観なのです。そして、それらを全面的に肯定しようという発想が〝超人〟という概念に繋がり、力の増大を認めようとするのです。

それを表面上は否定して、むしろ道徳心を持たせようとするのは虚偽であると考えます。そういう嘘つきは良くないという発想です。これはニーチェがキリスト教を批判するときも同じで、欲望を批判、あるいは否定するキリスト教者は嘘つきであるとみなします。欲望も力として伸ばせば良いというのが、ニーチェにとっては望ましい態度で、欲望があるのであれば、その欲望を誠実に出すことこそが正しいと考えたのです。

〝畜群〟が道徳を利用して支配者側を目指すというのも、権力への意志、すなわち力の増大のひとつではありますが、ニーチェにとっては、同じ〝力の増大〟でも許せるものと許せないものがあります。その基準となるのは、偽装されているかどうかで、ニーチェが一番嫌うのは偽装であり、力は誠実に増大させるべきであると考えます。これこそが〝超人〟を目指すということのひとつの意味でもあるのです。

ルサンチマンと超人

〝ルサンチマン〟と言うと、あたかもニーチェの言葉であるというイメージが強くなっていますが、もともとフランス語にある言葉です。ただし、そこからニーチェが〝逆恨み〟とか〝妬み〟といった感じで意味を広げ、〝ルサンチマン〟から道徳が発生したという考え方を打ち出したのです。そして、ニーチェ以降、マックス・シェーラー（注2）が『ルサンチマン』という本を書いたことで、独立化して使われるようになりました。

力で勝負できない人が、相手を何とかして引きずり降ろすために、自己正当化するというのが〝ルサンチマン〟であるのに対して、力で勝負できないのであれば、勝てるように力を磨けばいいじゃないかというのがニーチェの発想であり、それこそが〝超人〟を目指すということになるのです。

ニーチェは〝強者と弱者〟という発想において、〝弱者〟を強く批判することから、彼のことを嫌う人は少なくありません。しかし、ニーチェが言うところの〝強者を目指す〟というのは、歴史的に言えば、ギリシャの英雄時代に戻すようなもので、すでに土台自体が無くなってしまっているのです。

後述しますがニーチェが言う〝強者〟は、ギリシャの英雄時代の世界にしかいません。現在は、みんなが弱者ばかりの世界になっているのです。だからこそニーチェは、〝強者〟のことを〝ブロンドの野獣〟と呼んだのであり、ニーチェが批判されるときに、現代社会において可能性がないから古代ギリシャ的な世界を呼び出してきたという言い方がされるのです。

すでに存在しないギリシャの英雄時代を持ち出してきて、自分自身の理論を正当化しようとしたが、それを現実化するような可能性はどこにもなかった、という形で批判されます。つまり、〝強者を目指せ〟と言ったところで、その可能性はどこにも認められないと言うわけです。

すでに、ほとんどが牙を抜かれていて、〝道徳〟を求めるような人ばかり。これも自ら退路を断ってしまっているため、ニヒリズムと同様、出口がありません。人生の苦しみから逃れるために芸術などでエクスタシーを得るというのはまだ可能性が残るのですが、それはロマン主義だといって否定してしまったのと同じです。

道徳を求めることは、牙を抜かれた〝弱者〟が、自分たちこそ正しいといって集まっていると批判し、〝強者〟のように自分自身の力を増大させることを目指さなければいけないと言っているのですが、はたして誰にそんなことが可能なのかという新たな問題が生じてしまうのです。

ものの見え方が変わってくる〝パースペクティブ主義〟

最後に、ニヒリズムの時代を考えた場合、真理や正しさ、道徳、そういったものの見え方が変わってきます。正しいことを知ることができると考える〝認識〟の問題、私たちがどのように行動すべきかという〝道徳〟の問題、これらをすべてひっくり返してしまおうというのがニーチェの発想であり、今まで私たちが正しいと思っていた真理を逆転させることによって、すべて壊してしまおうと考えているのです。

「真理なるものはない。すべては解釈だ」というのがニーチェの主張だと言われています。これは道徳に関しても、学問的な真理に関しても、同じ表現で彼は語ります。「事実なるものはない。ただ解釈のみがある」と。これはすなわち、それぞれの人が、それぞれの立場から、それぞれの理解の仕方を示すだけであって、すべての人に共通の、正しいものの見方や正しい道徳というものは存在しないという発想で、真理観や道徳観というものを根底から突き崩していくのです。

これは意外と現代人にとっては腑に落ちやすい考え方です。今で言うところの、文化相対主義や歴史相対主義、さらに言えば、ひとりひとり考え方が違うとか、価値観が違うといったことであり、今の若い人が使う「私的には……」みたいな言い回しもそのひとつであると考えられます。すべての人に共通の絶対的な正しさではなく、自分としてはこう思う、そういった考え方にならざるを得ないというのが、ニーチェが考えるニヒリズムの時代の発想なのです。

これを説明するために〝パースペクティブ主義〟という言葉が使われます。〝パースペクティブ〟と言うのは、ルネサンス時代の絵画技法で、いわゆる〝遠近法〟を意味しています。どこから見たのかを定めることで、遠近感を作り上げるのと同じで、観点や立場などに制約されることで、初めて物事の理解が可能になり、道徳的な判断もできるようになるという考え方です。

第1章は、あくまでもニーチェを知る上でのキーワードを提示するにとどめ、その詳細については続く各章にて解説していきますが、とにかく「ニーチェを知ると、何が変わるか？」ということを考える場合、一番の基本は「ニヒリズムが到来する」ということになります。

ニヒリズムが到来することによって、私たちが〝生きがい〟や〝生きる意味〟といった、今まで素朴に信じていたようなものが無くなり、それと同時に、道徳や真理といった絶対的な基準も消えてしまうわけです。

〝生きがい〟は、先にも述べたとおり、ひとつひとつの行動の理由でしかないのに、生きることすべてをまとめた統一的な目標として集約させようとする傾向にあります。それは間違いであり、そもそもそんなものは存在しないというのがニーチェの発想なのです。〝生きがい〟はひとつひとつの行動の目標や意味でしかなく、それさえ人それぞれで違うし、状況によっても変わってくるということをニーチェは語っているわけです。

注1　イデア

プラトン哲学における用語で、感覚的な存在を超越した、先天的な、思惟によってのみ確認できる自己同一的で普遍的な真存在。プラトン主義の中心的な思想のひとつであり、現実世界における事象は、普遍的な概念、すなわちイデアを分有することによって存在しうるという考え方。

注2　マックス・シェーラー

マックス・シェーラー（1874〜1928年）。ドイツの哲学者で、ノーベル文学賞を受賞したルドルフ・オイケンに師事した。哲学的人間学の提唱者であり、ニーチェの著作に影響を受け、「カトリックのニーチェ」と呼ばれることがある。

第2章

神が死んで、どうなるか？──「神は死んだ」

われらの快活さが意味するもの。――近代の最大の出来事――「神は死んだ」ということ、キリスト教の神の信仰が信ずるに足らぬものとなったということ――、この出来事は早くもその最初の影をヨーロッパの上に投げ始めている。すくなくとも、この劇を観て取るだけの充分に強く鋭い眼と眼底の疑心とを有する少数の者にとっては、まさに一つの太陽が没したように見え、一つのある古くて深い確信が懐疑に逆転してしまったように見える。彼らには、われわれの旧い世界が日増しに黄昏れ、疑わしくなり、疎ましくなり、「古びてゆく」ように見えるに違いない。

『悦ばしき知識』343

（ニーチェ全集8／信太正三 訳／ちくま学芸文庫）

ニーチェのやっていることはパロディ

ニーチェのデビュー作である『悲劇の誕生』は、悲劇が出発点になっていますが、実は『ツァラトゥストラ』も最初は悲劇として語られています。しかし、後になって『ツァラトゥストラ』はパロディが始まると言い直して、構想を変えました。この〝悲劇〟から〝パロディ〟への転換は、ニーチェの中での一番大きな転換だと私は思っています。

パロディということで言えば、ニーチェの言葉として知られている〝ルサンチマン〟とか〝生きる意味〟とか〝ニヒリズム〟とか〝神の死〟とか〝遠近法〟、そして〝超人〟に至るまですべて元ネタがあります。

この元ネタについては、今までの研究ではあまり語られてこなかったのですが、ニーチェのやっていることは、元ネタを引き継ぎ、そのパロディを作ることで〝遊び〟、そして〝笑い〟を生み出すことだったのだと考えられます。

詳細は第7章であらためて紹介しますが、いずれにせよ、ニーチェを語る上で、この〝パロディ〟が重要なキーワードになってきます。

哲学の分野で〝ルサンチマン〟という思想を哲学において最初に表現したのはキルケゴール(注1)で、『現代の批判』という本の中で、〝ルサンチマン〟を〝妬み〟のような形で使用しています。これをニーチェがあらためてピックアップしたわけですが、ニーチェは〝ルサンチマン〟に限らず、誰が使った言葉であるなんてことは絶対に語りません。キルケゴールが語った思想を自分が使い直しているなんてことをいちいち言及しないのです。

もしかしたら、これがパロディの特徴なのかもしれませんが、知っている人にはわかるだろうとか、当然知っていますよね、みたいな態度をずっと貫きます。これからお話しする〝神の死〟というワードも、もともとは18世紀の哲学者の間でしばしば使われていたものであり、非常に有名な言葉でした。そして、ニーチェは当然のように、〝神は死んだ〟と言うときに、誰が言った言葉であるなんてことは一切説明しません。

現代では、〝神は死んだ〟と言うと、あたかもニーチェがオリジナルであるように思われることが多くなりましたが、実はちゃんと元ネタがあって、それをあらためてニーチェなりに使い直した言葉であり、それこそが彼のやり方だったのです。

おそらくニーチェ自身は何の悪気もなく、自分はパロディを作っているのだから元ネタがあるのは当たり前だし、それを知っているのは当然のことであるという態度だったのだと思います。しかし、ほとんどの人はそんなことは知らないので、ニーチェがあくまでも引用し、再定義したに過ぎない言葉を、ニーチェが初めて使った言葉のように思ってしまうのです。

これは〝超人〟も同じで、もともとギリシャ時代からある言葉であり、ゲーテの『ファウスト』(注2)の中でも言及されていますし、ニーチェより少し前の時代のベートーベンも自らを〝超人〟であると表現しています。つまり、〝超人〟はニーチェの時代にはすでに語られている言葉であり、ニーチェだけが語っているわけではないのです。

神は死んだ＝絶対的価値の消失

前置きが長くなりましたが、ニーチェの〝神は死んだ〟という言葉は、彼以前から使われていた言葉であり、キリスト教の神を信仰しなくなるという直接的な意味と同時に、ニヒリズムという形で、絶対的な価値、絶対的な真理に対する私たちの信頼が消えたということを端的に表現した言葉にもなっています。

その意味では、〝神は死んだ〟と言うのはニヒリズムの言い換えであり、キリスト教の神を信じるか信じないかといっただけの問題ではなく、むしろ私たちが「絶対的だと思うような考え方や生き方を正当化できるようなものは何もない」ということを表現しているのです。

〝神は死んだ〟に関連して、ドストエフスキーの『カラマーゾフの兄弟』(注3)が例に出されることがありますが、ニーチェのニヒリズムは、もともとロシア由来のものでした。ツルゲーネフの『父と子』(注4)では、絶対的な価値や道徳を一切信用しないような態度がニヒリストとして描かれています。

それと同時に、当時の革命家たち、皇帝を倒そうとする革命家たちがニヒリストと呼ばれていました。そのことをニーチェは新聞などを読んで知っていて、彼らの社会的な正義などを一切信用せず、一切の権威を打ち倒すという態度、そしてイメージをドイツの中に持ち込もうとしたのがニヒリズムの基本的な発想になっているのです。

ドストエフスキーの『カラマーゾフの兄弟』の中に「大審問官」という話があって、その中に「神が存在しないとするならば、すべてが許される」という言葉が出てきます。何らかの行為に対して、「なぜそれが悪いのですか？」と問われたとき、最終的にそれを禁止するのは、「神が許さない」という絶対的な禁止事項、つまり神の保証です。それが消えてしまうということは、その行為を禁止する理由も消えてしまうということです。

つまり、「なぜ人を殺してはいけないのか?」とか「なぜ盗みをしてはいけないのか?」という問いに対して、それを禁止する根拠を尋ねていくと、最終的にはあやふやなことになってしまいます。結局、それを否定する根拠として「神がお許しにならないから」という考え方が伝統的にあったのですが、その神が存在しないとすると、それを禁止する理由も無くなってしまいます。つまり、「神が存在しないとするならば、すべてが許される」という議論になるわけです。

これについてアドルノ(注5)とホルクハイマー(注6)は、『啓蒙の弁証法』という本の中で、ニーチェとマルキ・ド・サドは同じ問いを出したのだと言って、彼らを一緒に論じています。つまり、殺人を禁止することに合理的で理性的な根拠を与えられるのかどうかについて、ニーチェとサドは「そんなものは基本的に不可能である」ということを非常に明確に説明したと言うのです。

理性によっては、殺人に対して原則的な反論ができないということを示したということで、アドルノとホルクハイマーはニーチェを重要視しています。もし私たちが神を信じていない、あるいは、私たちの社会において神がすでに死んでいるのであれば、何が善で何が悪か、何が許されて何が許されないか、それを合理的に説明する根拠は何もないというのが、ニーチェのニヒリズムという主張の帰結となるのです。

神を殺したのは人間

ニヒリズムの時代は、神が死んだことによって、善悪の根拠が正当化できなくなるわけですが、神はひとりでに死んだわけではありません。これもあまり語られていないのですが、ニーチェが〝神の死〟について語るとき、「人間が神を殺した」「お前たちが神を殺したんだ」という言い方をします。

つまり、神はひとりでに死んだわけではなく、人間たちが神を殺したのであり、それによって、神に代わって人間の時代が誕生するというのが〝ニヒリズムの時代〟ということになるわけです。そして、人間の時代、神無き時代が誕生したときに、はたして私たちは善悪や真偽といったことに根拠を付けられるかという問題が新たに生じたのです。

人間にはさまざまな差異がありますから、当然のようにさまざまな対立構造ができあがります。しかし、神無き人間の時代には、それを最終的に解決できるような根拠は基本的に存在しません。みんなが横並びになってしまったからです。

今までは、超越的な神という存在が絶対的な価値や意味、目的の大きな基準となっていました。しかし、この神が死んでしまえば、すべては横並びになり、何が善で何が悪かといった基準は、文化や社会によって大きく変わってきます。つまり、善悪を決めるのが非常に難しくなるわけです。

だから、私たちは、物事の真偽や善悪、美醜を決める方法として、それを支持する人数の大小、いわゆる多数決で決めるようになります。それを民主主義と言ったり、多くの人に認められたものが真理だとする〝真理の合意理論〟と言ったりするのですが、この人数の多い少ないは、最終的な根拠になりそうではありますが、みなさんもよく知っている〝烏合の衆〟という言葉が示すとおり、多くの人が集まったからといってそれが必ずしも正しいとは限らないわけです。

だからこそニーチェは、人々が多く集まることを〝畜群本能〟と表現して、基本的に認めなかったのです。それは、民主主義に限らず、道徳に対しても真理に対しても同じ態度で、特に真理の場合、多くの人が集まってみんなで同じことを信じているというのが真理とされるのであれば、真理というのはまさに多くの人に信じられた嘘であると断ずるのです。それを真理とは絶対に認めないというのが、ニーチェの真理観であり、非常に重要な考え方になっています。

神を殺したのが人間であるということは、すなわち、人間が神に代わって同じ役割を演じる必要があるわけです。遺伝子操作の話題になると、人間が神の役割を演じてはいけないといった話になりがちですが、人間が神を殺してしまったのですから、人間がその役割を演じる以外にはありませんし、それこそがニヒリズムの時代なのです。

その意味では、神の役割を人間が演じて良いのかどうかという議論は、そもそも前提が間違っているわけです。人間の時代になったのは、神を殺したからです。しかし、人間の時代になったのにも関わらず、善悪を決める基準が人間の中に出てきません。だからこそ、非常に大きな対立が生じるのです。

結局、神が死んだことによって人間の時代が誕生するというのが、ニーチェの強い主張なのですが、それは同時に、人間の時代というのは烏合の衆の時代であり、多くの人たちによって真理や善悪の基準が決められることになるけれども、それが本当の真理でもなければ、本当の道徳でもないというのが、ニーチェの強い批判にもなるのです。

神が死んだことによって起こった混乱

神がいた時代であれば、神の言葉がそのまま真理となるので、疑うべき根拠はありませんでした。しかし、神が死んでしまったら、今度は疑うことしかできなくなったわけです。昔は疑い自体がなかったので、それはそれで上手くやれていたのに、神を殺したことによって、自分たちで真理を決めていかなければならなくなりました。しかし、自分たちでそれを決める根拠がまったくない状態に陥ってしまったのです。

このことは逆に、自分たちが上手くやっていく根拠がないにも関わらず、神を殺してしまったと言えるかもしれません。それこそがニーチェの考える現代の非常に大きな問題になるのだと思います。

『ツァラトゥストラ』という本は、出版された段階ではほとんど読まれていませんん。良くも悪くも、後にナチスが広めるまではほとんど知られていませんでした。

その意味で、ナチスはプロパガンダとしては非常に優秀だったのかもしれませんが、〝弱者と強者〟や〝畜群〟といった言葉を優生思想に繋げてしまい、ニーチェの言うとおりに社会を作るとこうなってしまうという悪しきモデルを作ってしまいました。

この優生思想というのは別にナチスに限った特別な思想ではなく、ヨーロッパ、ひいては世界全体が認めていたものです。日本でも20世紀の末まで優生保護法という法律があったくらいですから、その意味では、ナチスは上手くニーチェの思想の一部を明確にすることで、ニーチェの考えを徹底化させた結果を垣間見せたわけです。もちろん、ハイデガーやヤスパースといった実存主義の哲学者たちが、埋もれていたニーチェを発掘していたという功績もありますが、影響力でいえばナチスのプロパガンダのほうが強かったと言ってもよいでしょう。

ニーチェは〝弱者と強者〟について語るとき、〝弱者〟については〝出来損ない〟という言い方をしたりします。「出来損ないは消えてしまえ」みたいな表現を使ったりします。そんな、彼が言うところの〝出来損ない〟が集まって道徳を作り出し、能力のある〝強者〟を引きずり降ろそうとする。それをニーチェは民主主義や道徳の最大の問題だと見ているのです。能力のない人間が集まって、能力のある人を引きずり降ろして、自己正当化した社会を作ってしまった。これを何とかしなければいけないというのがニーチェの基本的な発想なのです。

〝神は死んだ〟というのは非常にわかりやすいスローガンで、単純に言えば、キリスト教の神に対する信仰が人々の中から消え始めたということになりますが、信仰が無くなるかどうかはあまり大した問題ではありません。

神が死ぬことによって何が大きく変わるかと言えば、今まで私たちが物事を判断する一番大きな基準になっていたものが無くなってしまうことであり、端的に言うと、タガが外れてしまうということです。神が死んでしまうと、たとえば、人を殺してはいけない理由さえ説明できなくなります。こういったモデルをたくさん作り出したのが、ドストエフスキーらロシアの小説家たちであり、優秀な人が、社会にとって役に立たないとか不要かもしれない人を殺すことで、自分自身の能力を高めていく……そんな状況になったとき、これを禁止する理由はどこにあるのかということを小説にして描いたのです。

「なぜ人を殺してはいけないのか？」

昔、高校生がテレビで著名な評論家に尋ねたところ、誰も明確に答えることができませんでした。これはある意味、当然のことで、最終的になぜ人を殺してはいけないのかと言うのは、昔の十戒ではありませんが、〝殺すべからず〟というのが決まっていたからというだけの話なのです。

私たちが頑張って根拠付けをしようとしても、その根拠を明確にするのは非常に難しいです。神が死んだことで、その善悪は別にして、少なくともさまざまな理由付けを行うための究極的な根拠が消えてしまったのです。つまり、神が死んだ、神を殺してしまったということであれば、それに代わるものとして、何らかの形での正当化を行わなければならないのですが、たとえば善悪に対して、すべての人に共通の絶対的な基準がありますかと尋ねたとき、誰もあるとは答えられません。イスラム教圏ではこう、キリスト教圏ではこう、アフリカではこう、日本ではこう、みたいな違いがあったとき、はたしてどれが正しいのか、それを決めることができません。

そして、この決めることはできないというのが、〝神は死んだ〟ということによって引き起こされる最大の問題点であると言えるのではないでしょうか。

注1　キルケゴール
セーレン・オービエ・キルケゴール（1813〜1855年）。デンマークの哲学者。当時、絶大な影響力を持っていたヘーゲル哲学を批判し、実存主義的な思想を展開したことにより、後の実存主義者に大きな影響を与えたことから、実存主義の創始者、あるいはその先駆けとされる。

注2　ファウスト
ドイツの文豪であるヨハン・ヴォルフガング・フォン・ゲーテ（1749〜1832年）の代表作となる戯曲で、ライフワークとも言える大作。錬金術師の伝説をベースに、ファウスト博士と悪魔

メフィストーフェレスの物語を描く。

注3　カラマーゾフの兄弟
ロシアのドストエフスキーによる長編小説。三兄弟を中心にした複雑な人間関係が絡み合う中、父親殺しの裁判を軸に物語は展開するが、その中で、宗教観や国家観、社会問題から異性関係までさまざまなテーマが描き出される。

注4　父と子
ロシアのツルゲーネフによる長編小説。ニヒリストの主人公を軸に、父の世代と子の世代における、道徳観や宗教観などの思想的な対立や断絶を描く。

注5　アドルノ
テオドール・ルートヴィヒ・アドルノ＝ヴィーゼングルント（1903〜1969年）。ドイツの哲学者。音楽家としても活動。ホルクハイマーとともに『啓蒙の弁証法』を執筆した。

注6　ホルクハイマー
マックス・ホルクハイマー（1895〜1973年）。フランクフルト学派の代表で、アドルノとともに『啓蒙の弁証法』を執筆した。

第3章

生きる意味なんてない――「ニヒリズム」

ミダス王は、ディオニュソスの従者たる賢者シレノスを久しく森の中で追い廻したが、彼を捕らえることができなかった。彼が遂に王の手中に陥ったとき、王は尋ねた。人間にとって最善最上のことは何であるかと。この魔性《ダイモン》のものは凝然と不動のまま黙していたが、王に強制され、遂に鋭い哄笑とともに突如次の言葉を浴びせたのであった。『哀れ、蜻蛉《かげろう》の生を享けし輩よ、偶然と艱苦の子らよ、汝にとって聞かぬがもっともためになることを、何とて強いて俺に語らせるのだ？　汝にとって最善のことは、とても叶うまじきこと、すなわち生まれなかったこと、存在せぬこと、無たることだ。しかし汝にとって次善のことは、——まもなく死ぬことだ』と。

『悲劇の誕生』

（ニーチェ全集2／塩屋竹男　訳／ちくま学芸文庫）

ニヒリズムの意味

ニーチェが「次の2世紀はニヒリズムの時代である」と言うとき、目的や目標が無くなるのがニヒリズムであると説明します。この問題を〝生きること〟と結びつけると、「何のために生きるのか？」という、私たちにとって非常に重要な問いになるのですが、ニヒリズムの観点に立てば、〝そんなものは何もない〟というのが答えになり、生きる意味や生きる目的、ひいては〝生きがい〟と呼ばれるものは何もないと言うのがニヒリズムの重要な考え方になります。

そうすると、生きる意味や人生の意義、〝生きるとは何か〟という古くからの哲学の重要な命題、あるいは人々にとって根本的な問題に対して、そういったものは基本的に何もないんだと、ニーチェは答えているわけです。

この〝生きる意味がない〟というのにももちろん元ネタがあります。元ネタはショーペンハウアーなのですが、ショーペンハウアーは〝ペシミズム（厭世主義)〟という形で、人生とはまさに苦しみであり、生きることそのものに何らかの意味を求めることはできないと主張しました。ニーチェは当初、このショーペンハウアーの考え方を受け入れ、その結果として書かれたのが『悲劇の誕生』なのです。この『悲劇の誕生』の中で、次のような会話が展開されます。

半人半獣の神シレノスに対して、人間の王たるミダス王が問います。「人間にとって一番良いことは何か?」と。それに対して、笑いながら「聞かないほうが良い」と前置きし、「生まれなかったことだ」と答えるのです。すでに生まれてしまっているので、それは不可能です。そして、二番目に良いこととして、「すぐ死ぬことだ」と告げるのです。つまり、生まれなかったことが最善で、次善はすぐに死ぬことであるということですが、生まれること自体に否定的なのですから、生きることに否定的なのは当然のことだと言えます。

この考え方は、基本的にはショーペンハウアーの考え方、つまりペシミズムの考え方です。そして、この考え方自体は、現在でも、〝反出生主義〟として根強く残っています。コロナ禍などの問題もあって、生きることに対する苦しみを非常に多くの人が感じていると言われています。「何のために生きているのか？」という風に問われたとき、何か目標や生きがいを与えようとするのが、おそらく普通の人の発想なのですが、ニーチェはそれに対して「そんなものは何もない」というのがひとつの答えになっています。これがニヒリズムの発想であり、絶対的な価値が消えているのだから、そんなものは何もないというのが当然であるという考え方なのです。

ニーチェは、ショーペンハウアーの考え方を受け入れて、生きるということは苦しみに満ちているのだから、本当は生まれてこないのが一番であると考えます。だから最初は、この生きるという苦しみからいかに脱却するか、そこからいかに逃れるかというのが『悲劇の誕生』を書いた頃の課題だったわけです。

『悲劇の誕生』においては、その救済手段として〝芸術〟を取り上げます。生きることが苦しみだから、その苦しみを〝芸術〟によって忘却するというのが彼の考えで、これはショーペンハウアーの発想に影響を受けたものです。

生きることの苦しみを忘れさせる〝ディオニュソス〟

ニーチェは、その忘却させるもの、あるいは忘我させるものを〝ディオニュソス的〟なものと表現します。ディオニュソスというのはお酒の神様なのですが、その意味でも忘却、生きることの苦しみを忘れさせるものとして定義するのです。そして、〝芸術〟において、造形芸術・視覚芸術と音楽芸術を対比させます。

お酒や芸術で自分自身を忘れる、つまり、〝忘我〟によって生きる苦しみを一時的に忘れるわけです。ニーチェは〝救済〟という言葉を使いますが、生きることが苦しみであるとすれば、そこから救済されるのは、まさに芸術を通してである。だからこそ、悲劇という芸術が誕生したのだというのがニーチェの発想になっているのです。

ニーチェが〝アポロン的〟と表現する造形芸術や視覚芸術は、対象とある程度距離を取ることが可能で、理性的に判断できるものです。それに対して、〝ディオニュソス的〟な音楽芸術は、理性的ではなく、むしろ感情的で、人の魂を揺さぶるものであり、その点を苦しみからの救済手段として非常に高く評価するのです。

劇を観るというだけでなく、音楽を通して一体化する。それによって生きることの苦しみから脱却するという考え方は、古代ギリシャで行われていたディオニュソス祭がひとつのモチーフになっているのだと思われます。祭りだから、お酒を飲んで踊り明かす。ニーチェが最終的に踊りを非常に高く評価するのも、これがひとつのモデルになっているからではないでしょうか。

魂を揺さぶるものとして音楽を挙げていますが、だからこそ、ワーグナーにも強く惹かれたのです。ワーグナー自身がショーペンハウアーを評価したので、若い頃のニーチェは、ショーペンハウアーを評価することでワーグナーとも繋がったのです。

そして、生きることの苦しみから脱却させてくれる音楽、そして悲劇こそが芸術であると考えて『悲劇の誕生』を書き上げたのですが、その10年後、1880年代には、この考え方を捨ててしまいます。その契機は、おそらく『ツァラトゥストラ』にあると思います。

悲劇からパロディに変わった『ツァラトゥストラ』

『ツァラトゥストラ』はもともと悲劇として書き始めたのですが、途中からパロディという形に変えてしまいました。その意味でも、悲劇という発想を捨ててしまっているのです。

これは非常に大きな転換なのですが、そうなると、最初の問題をどうするのかという話になります。つまり、生きることの苦しみをどうするのかという問題です。後になって、生きることの苦しみが、生きることの退屈さ、無意味さに変わってくるのですが、いずれにせよ、音楽によって忘却する、芸術によって一時的に脱却するといった発想は持たなくなりました。

生きることの苦しみから脱却させる、あるいは忘却させるものとして音楽を捉えることを、ニーチェは〝ロマン主義〟だと言って否定します。そして、ワーグナーの音楽、激情的に人々を巻き込むような音楽を彼は基本的に嫌うようになるのです。人々を巻き込んで、自分自身の生きる苦しみを忘却させるという形で音楽を使うことを批判したのです。

ニーチェのショーペンハウアー批判

最終的なニーチェのショーペンハウアーに対する批判は、「生きることが苦しいのに、どうして死なずに生きているのか?」ということに尽きます。これ自体が、パラドックスであると言って批判したのです。どちらが正しいかは別にして、いったん批判したのであれば、その対案、どのように理論付けするのかを提示しなければなりません。ショーペンハウアーの出発点に立つと、最終的に音楽や芸術によって一時的に忘却するという方向しかないと言えばないのです。

しかし、忘却してまで生きる理由にはなりませんから、その意味でショーペンハウアーは、強い言い方をすれば、嘘をついている、欺いているというわけです。ニーチェが最も批判するのは、自分自身を欺くことであり、道徳に関しても、自分自身を欺いているという形で批判します。ニーチェにとっては、〝誠実さ〟がとても重要なキーワードになっていて、生きることを批判しながら生きているというのは、自分の論理に対して〝誠実でない〟と考えたのです。

だから、ニーチェとしてはその論理は受け入れることができません。だからと言って、生きることは楽しいという発想にも絶対に至らないのです。生きることは、楽しくて、ハッピーで、こんなに素晴らしいことなんだと言えれば、生きること自体を肯定するのはとても簡単なのですが、この出発点には立てません。

つまり、ショーペンハウアーと同じように、生きることそのものは無意味であるという出発点に立ちながらも、生きることを肯定しなければならないわけです。最初にショーペンハウアーに強く入れ込んだ、まさにそれが『悲劇の誕生』なのですが、そのままでいられたら良かったものの、ニーチェは大学を辞める頃から、その論理を取り得なくなってしまったのです。

それが『ツァラトゥストラ』であり、〝永遠回帰〟という問題を考える非常に大きな理由になっています。ショーペンハウアーのように、生きることは苦しみであり、それを音楽や芸術で忘却して生きていくという論理には立たず、生きること自体は肯定するけれども、生きることはすばらしくて、幸福であるという発想にもならない。つまり、生きることを肯定する一方で、生きることに意味がないことを認める。これをどのように繋げるかが、ニーチェの課題となったわけです。

ペシミズムのパラドックス

　Aという行動をするのはBのためであり、Bをするのはこのため、Cをするのは Dのためといった形で、何らかの行動や行為は、別の形の目的を目指すということになります。しかし、人生の意味と言うときは、このようなひとつひとつの行動における意味ではなく、最終的に人生のすべてを統括するようなものを指していて、一般的にそれを〝生きがい〟などと言ったりしますが、かつてはそれを神が保証していました。あるいは、神が望む形でと言った感じで、意味付けがなされていたのです。

　しかし、個々の行為を超えて、全体としての人生を統一する、ひとつの方向性や目的といったものは基本的に存在しないというのがニヒリズムの考え方です。AはBのため、BはCのためといったこと自体は否定しないのですが、ニーチェのいう〝遊び〟は、AはBのためではなく、AはAのためというのがポイントになります。他の目的や意味を排除して、行為そのものを目的とするのが〝遊び〟であり、〝遊び〟は〝遊び〟のためとしか言えない行為なのです。生きることに意味はないのだけれど、それにも関わらず生きていく。

その場合、〝遊び〟として生きる以外にはないというのがニーチェの考え方になるのですが、結局のところ、生きていくこと以外に目的を作るとニヒリズムから外れてしまうというのが、ニーチェにとって一番苦しかったところではないかと思います。

ニーチェの議論は、最初から退路を断ってしまっているのです。簡単なのは、ショーペンハウアーのように、矛盾を意識しないで考えるやり方です。しかし、それがパラドックスだと自覚してしまったから、そうではない論理を作らなくてはいけなくなったわけです。

生きることは苦しいことだと言いながら、他人から「それならどうしてあなたは生きているのか?」「苦しいのであれば、生きるのをやめたらどうですか?」

と言われたときに、答えることができません。「すぐに死ぬことが次善」であると言いながら生き続けている矛盾を回避できないわけです。そうなると、現在生きているのであれば、当然のように、生きることが苦しみではないという前提に立たざるを得ません。

かといって、生きることは幸福であるという立場もとりません。後にニーチェが想定したのは、「生きるということは同じことの繰り返しである」という立場です。同じことの繰り返しというのは、退屈極まりないことです。繰り返しそのものを自覚していなければまだ幸せですが、一瞬でも「昨日と同じことをやっている」と思い始めたら、続けること自体が難しくなります。ニーチェはデーモン（悪魔）の囁きとして、『悦ばしき知識』の中で次のように語ります。

おまえが現に生き、またこれまでも生きてきたこの生を、おまえはもう一度、ひいては無数回にわたって、生きねばならないだろう。そこには新しいものなど一つもなく、あらゆる苦痛が、快楽が、（……）おまえに回帰してくるに違いない。

このように言われたら、あなたがどう思うか？　といった言い方をするのですが、これが〝永遠回帰〟の一番最初の定式で、『悲劇の誕生』における「生きることは苦しみで、それを芸術によって救済する」という発想から、「生きることは苦しみではなく、むしろ同じことの繰り返しである」という風に転換したのです。

永遠回帰の思考

ニーチェが、『悲劇の誕生』で「生まれないほうがよかった」と言うのは、〝生きることは苦しみである〟という発想からですが、彼はその後、〝生きることは苦しみである〟ではなく、〝生きることは同じことの繰り返しである〟という別の定式を立てることになります。

これがニーチェの言う〝永遠回帰〟であり、「あなたが今まで生きてきた、そしてこれからも生きるであろうことが、そっくりそのまま同じような形で繰り返されるとするならば、あなたはそれをもう一回行うだろうか？」というのが、一番最初の〝永遠回帰〟の定式化になります。同じことを永遠に繰り返すのも、苦しみであり、苦痛であるということも一方ではありますが、重要なのは〝退屈〟であるということだと思います。

つまり、この〝退屈〟に耐えることができますか？　という問いかけになるわけです。結論は見えているのに同じことを繰り返す、そういった形の退屈な人生。こちらのほうがもしかしたら多くの人にイメージとしてはわかりやすいかもしれません。

〝永遠回帰〟について、ひとつの例を紹介しましょう。カミュ（注1）が書いたシジフォスの神話に、大きな岩を山頂まで運ぶという罰において、山頂まで運んだ瞬間に岩が麓まで転がり落ちてしまい、それをまた山頂まで運ぶのを繰り返すという一節があります。

そしてカミュは「私たちの人生はもしかしたらこれと同じではないか？」と問いかけます。ひとつひとつの行為はさまざまなことをやっているようで、結局、朝起きて、昼活動して、夜寝て、を毎日毎日ただ繰り返しているだけだと気づいてしまうと、これは退屈極まりないことであるとしか感じなくなってしまいます。

『悲劇の誕生』では、生きることは苦しみであり、それは芸術によって救済されるわけですが、それを否定して、生きることは退屈な行為の繰り返しであるとした場合、それを何のために繰り返すのかと聞かれても、答えがありません。この答えがないというのが、まさにニーチェのニヒリズムなのです。ひとつひとつの行為には目的や意味があっても、それらをただ繰り返していくことの目的や意味には、明確な答えがないわけです。

サルトル（注2）が使った上手い表現なのですが、誰かが電話ボックスの中で電話をしているのを外から見ている場合、中の人は電話で意味のある会話をしていたとしても、外から見ている人には、彼が何の話をしているかなんて意味はすべて消えてしまいます。パントマイムでもしているかのように見えるだけで、彼の行為そのものの意味は消えてしまうというわけです。

これと同じように、私たちが今日やること、明日やることにはそれぞれ意味があるのだけれど、それを全体的に、俯瞰的に見て、何のためにこんなことをしているんだろうという風に一瞬でも考えたとき、はたしてそれに対してどのように答えるか？　それが〝永遠回帰〟に対する理解の仕方になると思います。

〝永遠回帰〟は、永遠に同じことが繰り返されるということであり、それが生きることであると説明された場合、それを苦しみだと理解するのは昔の発想なのです。苦しみではなく、ただ同じことの繰り返しであるだけなのです。しかし、先程のシジフォスの神話ではありませんが、「こんなつまらないことを何度も何度も繰り返して行わなければならない理由は何ですか?」と問われたとき、それに対してニーチェは「ない」と答えます。

これこそがニヒリズムで、この場合、生きる意味がないのだから生きるのをやめる……とはならないのです。生きる意味がないと言われたときに、生きる意味はありませんと答えながら、それでも生き続ける。そこにどういう理由付けをするかがポイントになるのですが、ニーチェは退路をすべて断ってしまったのです。

味気なくて面白くないから、芸術で忘却する。アルコールに走ったり、ギャンブルに走ったり、我を忘れるための方法はたくさんありますが、〝忘我〟という発想をニーチェは最初に否定してしまったのです。それはパラドックスにすぎないから認められないとして。当然、「生きる意味がない」と言うと、誰もが「それならあなたはなぜ生きているのですか?」と問い返します。そして、「意味がないのであれば死んでしまえば?」と言われたときに「では死にます」とは絶対になりません。

死ぬこと自体を否定しているわけではないのですが、ニーチェにとって一番不味いのは、人生なんて苦しいばかりで生きていたって仕方がないと言いながら、のうのうと生きていることなのです。そのパラドックスを承知した上で、何らかの答えを出さなければならない。それが〝永遠回帰〟論になるわけですが、上手く答えられているかどうかは別の話です。

実際、あまりきれいな定式にはなっていません。繰り返していると知ったとたんに何となく人は萎えてしまいます。また同じことをするのかって。たとえばグラウンドを一周走ってこいと言われて、戻ってきたらまた走ってこいと言われる。それを何回も繰り返していると、だんだん嫌気がさしてきます。先が見えているのにまた繰り返すのは誰もが嫌がります。しかし、それに対してニーチェは、「これが人生だったのか。それならばもう一度」と言うわけです。

逆に言えば、「それならばもう一度」と言わなければ、生きている理由付けができないのです。ショーペンハウアーは、苦しみの人生から一時期に脱却するという、悪い言い方をすれば逃避戦略を立てました。そして、それは不味いと考えたニーチェは、問題を立て直してみたものの、さらに一番難しいところにはまり込んでしまったのです。同じことを何度も繰り返すのかという問いに対して、ニーチェの答えは「それならばもう一度」。これだけです。

『悲劇の誕生』の頃は、〝生きることは苦しみである〟と考えていたから、その救済として音楽や芸術が必要になったのですが、〝永遠回帰〟のように〝生きることは退屈である〟と捉えた場合、必要なものは救済ではなくなります。そこで彼が導き出したのが〝遊び〟であり、それがパロディに繋がったのではないかと思います。

ニーチェも答えを出していない

神が死んだのだから、あらためて別の意味を作るという方向ももちろんあります。いわゆる、「生きがいを見つけましょう」とか「生きる意味を見つけましょう」というのは、その別枠を作りましょうという発想なのです。これは「自己啓発」の方向ですが、これをニーチェが取ることはありません。そんなものに意味はないというのが、ニーチェにとっては大前提になります。「生きがいを作りましょう」というのは、「生きがいを作ってでも生きましょう」ということにほかなりません。やり方自体に矛盾が含まれていて、生きることそのものにはやはり意味がないわけです。

ただ、これはひとつのレトリックでしかなく、意味というのは、そのもの自体ではなくて、それとは別のところに出来上がるものです。たとえば文字。書かれている文字がただの黒いシミではないのは、何らかの意味を別のところに見つけることができるからです。つまり、生きる意味を見つけましょうと言ったとき、生きること自体とは別のところに意味を見つけようとするわけです。

しかし、その意味を消してしまい、基本的にはありえないという形で論を進めながら、最終的にニーチェが〝遊び〟という言い方をするのは、生きることそのもの自体が〝遊び〟であるという形にしないといけなかったからなのです。〝遊び〟の他に目的を持ってはならず、何かのために遊んではいけないのです。その行為自体が〝遊び〟であって、それ以外に目的がない。これが〝遊び〟の基本的な定義になります。

そもそも人は、意味付けなどしなくても生きていけます。しかし、「なぜこんなことをやっているのか？」と考えてしまったら、それが最後です。デーモンがあなたの耳元で囁きます。「あなたは毎日こんなことをやるのですか？　何のために生きているのですか？」と。そして、このように問われたら、あなたは一体どうしますか？　という問いをニーチェは出したのです。そんなことは考えないようにするのが一番なのですが、ニーチェを筆頭に、これを考えてしまったことがすべての出発点になっています。考えないのが一番幸せなのですが、一瞬でも頭をよぎってしまえば、それを考えざるを得ず、そして当然のように答えが見つからないのです。

そもそも「生きるとはなにか？」というのは哲学の基本で、だからこそ、ニーチェも考えたくて考えたわけではないのでしょうが、考えてしまったら、必ず何らかの形で答えを出さなければならなくなったのです。「生きることに意味がない」と言った時点で、「なぜ生きているのか？」というパラドックスに陥ります。

しかし、生きることに意味を求めると、それはニヒリズムではなくなってしまうのです。一番良いのはこの問題に直面しないことですが、この問題に直面しない人は、そもそも哲学の本なんて読まないでしょう。しかし、いくら哲学の本を読んでも、その答えはどこにも書かれていません。逆に宗教は、この答えを明示してくれます。だから、人は宗教に走りやすいのです。それに対して、哲学は、答えを求める人を逆に突き放してしまうものだと思います。その意味で言えば、ニーチェを自己啓発に利用するのは、ニーチェに対する誤解ではないかと思うのです。

少なくともニーチェは、「こんなふうに生きよう」みたいな、生きる意味を与えてくれる人ではなく、そういったことをすべて切ってしまった人だからです。

注1　カミュ
アルベール・カミュ（1913〜1960年）。アルジェリア出身のフランスの作家、哲学者。小説『異邦人』で衝撃的にデビューし、「不条理」の哲学を打ち出す。1957年にノーベル文学賞。

注2　サルトル
ジャン＝ポール・シャルル・エマール・サルトル（1905〜1980年）。フランスの哲学者・作家。無神論的実存主義の提唱者で、マルクス主義を評価した。ノーベル文学賞の受賞を拒否したことでも知られる。

第4章

真実はひとつではない──「パースペクティブ主義」

現象に立ちどまって「あるのはただ事実のみ」と主張する実証主義に反対して、私は言うであろう、否、まさしく事実なるものはなく、あるのはただ解釈のみと。私たちはいかなる事実「自体」をも確かめることはできない。おそらく、そのようなことを欲するのは背理であろう。

（……）

総じて「認識」という言葉が意味をもつかぎり、世界は認識されうるものである。しかし、世界は別様にも解釈されうるのであり、それはおのれの背後にいかなる意味をももってはおらず、かえって無数の意味を持っている。

――「遠近法主義」。

『権力への意志』481

（ニーチェ全集12・13／原佑　訳／ちくま学芸文庫）

ものの見方、考え方の基本

「真実はひとつではない」と言うのは、いわゆる認識論なのですが、これに対してニーチェは、ライプニッツという哲学者の考え方である〝パースペクティブ主義〟を取ります。ニヒリズムという形で考える場合、絶対的なものの見方というものはありません。神のように、すべてを一括して捉えることが不可能なので、人が物事を理解する、あるいは認識するためには、当然この考え方しか出てこなかったのです。

この〝パースペクティブ主義〟は、それぞれの人が、一定の観点、立場からものを理解するということなのですが、知識ということで言えば、学問や科学的な知識のほか、道徳的な知識があります。科学は、すべての人が認める〝真理〟というような形で一般的に考えられています。一方の道徳は、すべての人々が良いと思うもの、評価するものだと考えられるわけですから、やはりひとりひとりの考え方ではなくて、すべての人に共通のものであるという考え方が基本的にありました。

しかし、ニーチェはそれを認めず、あくまでもそれを理解する人の解釈に過ぎないと言い直したのです。これが彼の基本となる「事実は存在しない、すべては解釈である」という考え方なのです。

芸術の世界から持ち込まれた〝パースペクティブ主義〟

〝神は死んだ〟ということは、人間は人間の立場から物事を理解するしかなくなったわけです。人間はそれぞれ立場や位置付けが違いますから、それに応じて物事を理解するというのが、人間の理解の仕方であると考えるのです。

その一方で、ニーチェは、私たちがものを理解するときに、自分自身の頭にあるものを対象の中に投げ入れて、投げ入れたものを自分で理解するという考え方をします。これ自体はカント(注1)に由来する考え方で、フロイト(注2)の場合は〝投射〟という言い方をするのですが、要するに、相手の中に見るものは、自分が投げ入れたものであるという考え方です。

たとえば、科学理論というのは、自分たちが持っている仮説を対象の中に投げ入れることで、仮説を実証するというものであり、ある意味、近代科学の発想というのは、仮説を持って自然を眺めることによって自然の中に法則を見出すわけです。誰もが法則を見出せるのではなく、見出せるのは仮説を持っている人だけです。これが、仮説を対象の中に投げ込むという発想であり、カントが〝コペルニクス的転回〟という言い方をした認識論の革命だったのです。

ニーチェは、私たちがものを見るのは、対象をそのまま見て受け入れているのではなく、私たちが持っているものを対象の中に投げ込んで、そこで初めて対象のあり方がわかるという、カントの考え方を受け入れます。ただし、カントの場合、私たちが持っている理論や概念は人類に共通のものだと考えていました。科学や学問がひとりひとり違うものとは考えられなかったのです。

ところが、ニーチェは、ひとりひとりの立場、ポジションによって違うということを主張したのです。立場が違うそれぞれの人が、それぞれ自分の立場に応じて、対象の中に投げ込むという考え方で、当然ものの見え方も、それぞれの立場の違いによって変わってくるというのがニーチェの考え方です。

これは、芸術の世界の〝パースペクティブ主義〟を認識論に持ち込んだということでもあるわけです。パースペクティブというのは、ルネサンスの時代に生まれた、いわゆる〝遠近法〟のことで、どの方向から対象を見るかによって、絵画の描き方が異なるというものです。

この基本的な技法を、ニーチェは私たちが物事を理解するときの認識の仕方に読み替えたわけです。そして、私たちが物事を理解するというのは、それぞれの人が自分自身の立場に応じて対象の中に投げ込み、そこで初めて価値を見出すのだと主張しました。

認識の主観主義化

これは当然のことですが、ニヒリズムからくる考え方です。絶対的な価値が最初からあるのではなく、すべての人がそれぞれの立場に応じて、対象のうちに価値を投げ込むことによって、初めて価値が生じるということです。

ニーチェは〝超人〟について語るとき、〝創造者〟を積極的に評価するのですが、何を創造するかと言うと、対象のうちに価値を創造するのであり、自分自身で価値を対象のうちに創り出すというモデルを、認識にも当てはめたのです。

そして、これは認識だけでなく、道徳も同じことで、何が善であるかは、立場の違いによって変わってくるというのです。〝強者と弱者〟では、立場が異なるのだから、善なるものも当然異なるという考え方です。

事実の判断や道徳の判断、価値の判断、善悪の判断というのは、それぞれの人が持つ基準に従って判断されます。これは趣味の判断と言われるもので、たとえば「このカレーは美味しいですか？」と聞かれたとき、その答えは好きか嫌いかで判断されます。自分が好きなものは美味しいという判断です。そして、道徳的なものも、その行動や行為は、好きか嫌いかで判断されるのです。ある行動が良いと思うのは、その行動が好きだからだというわけです。

このように、結局のところ、判断というのは、その人の基本的な趣味、いわゆる主観を対象のうちに投げ込んで行うというのがニーチェの考え方です。それゆえ〝主観主義〟だと一方では言われるのですが、いずれにせよ、神がいる世界であれば、神が与え給うた価値を私たちが見出すことになるのに対して、〝神は死んだ〟という世界では、人間が価値を創り出す必要があります。

その意味で、ニーチェのパースペクティブ主義というのは、神から人間へという、彼が考える大きな時代的な転換と密接に関係するような認識論なのです。後になってニーチェは、私たちが神だと思っていたものは、実際は人間が作り出したものに過ぎない。つまり、神は人間が作ったのだと言い出します。

神が存在し、その神からさまざまな知識を与えられていたと思っていたところを、神は人間が作り出したのだと転換したのです。そして、人間こそが認識のあり方を決定し、人間こそが価値のあり方を決定し、人間こそが対象の内に自身が持っていたものを見出す。これがニーチェの発想の基本であり、パースペクティブ主義のポイントとなります。

この考え方を取れば、人はそれぞれ異なるパースペクティブを持つことになりますから、どのパースペクティブが正しいのかという議論は成立しません。それぞれの人にそれぞれのパースペクティブがあり、それぞれの人がそれぞれ意味を投げ込むに過ぎないという考え方になるからです。

真理はない

それに対してカントは、すべての人に共通の概念、すべての人に共通のカテゴリーというものを想定し、人類共通のカテゴリーを対象の内に投げ込むことで、学問が成立すると考えました。たとえば科学の場合、自分だけが正しいと思うわけではなく、すべての人が正しいと思わなければ、科学的な法則は成立しないという発想です。それは道徳も同じで、自分が良いと思うだけでなく、周りも、そしてすべての人が良いと思うものが道徳であると考えました。

その意味で、主観的なものを対象の内に投げ込むというのは同じなのですが、カントの場合は、それが人類に共通のものを想定しています。しかし、ニーチェは、人類共通のものなど存在せず、それぞれの人がそれぞれの意味を投げ込むという立場を取ったのです。

そうなると、いわゆる学問の普遍性とか、科学法則はどうなるのかという議論になるのですが、それに対して、ニーチェは〝真理はない〟という答えを出すわけです。そして、あくまでもそれを作り出す意志のみがあると言うのです。真理への意志、道徳への意志のみがあって、学問の普遍性や道徳の普遍性といった、すべての人が正しいと認めるものを消してしまうという意味で、やはりニヒリズムなのです。

否定された人類共通の普遍性

カントは、人間がその中に投げ込むということは肯定しますが、それはあくまでも普遍的であり、不変的のものを考えています。それは、科学にも道徳にも普遍性があるものとして最初から捉えていたからで、それを担保するために、人類の共通のあり方やカテゴリーを投げ込むから、道徳や科学法則に普遍性が成立すると主張しました。

しかし、カント以降、そういった人類の共通の普遍性という考え方がガラガラと崩れ始め、ニーチェの時代には、そんなものは存在しないという考え方が出てきたのです。しかし、対象そのものに意味があるとか、対象そのものに真理があるという発想には決してならず、その意味で、対象の内に投げ込むというカント主義自体はずっと続くのですが、人類共通という考え方は取られなくなりました。

科学の場合は、それぞれの人が理論を投げ込み、そこで権力闘争が起こって、その結果として力を持った人たちの理論が正しいとされたのです。つまり、最初から真理があるわけではなく、あくまでも投げ込む人たちがいて、その中の強者によって決まる。だから、ニーチェは〝権力への意志〟というのです。

今風な形で理解するならば、それぞれの人が理論を打ち出したとき、自分の理論のほうが優れていることを認めさせるためには、ほかの人を巻き込んで多数派になる必要があります。つまり、科学にも絶対的な真理があるわけではなく、今現在多数を占めている理論が正しいのであって、多数派でなくなれば否定されるということになります。この考え方に則って1960年くらいに登場したのが〝パラダイム論〟(注3)なのです。

ダーウィン主義の影響があった〝権力への意志〟

世界のひとつのあり方だと思われていた科学。それを、ニュートン力学のような形で、人類共通の普遍的な法則と考えるのはカントの時代までであり、それは時代によって変わるとか、学説によって捉え方が変わるといった話が19世紀には出てきました。

それはちょうどニーチェと同じくらいの時代であり、だからこそ、ニーチェは、科学に対しても、道徳に対しても、普遍的な真理のようなものを否定し、あくまでも主観のひとつの働きであると考え、それらを〝権力への意志〟としてまとめてしまったのです。

主観というのはひとりひとり別のものでしかないので、それだけだと真理にはなりません。だから、結局は権力闘争ではないですが、力によって相手を巻き込んで、多数に認めさせたものが真理のように呼ばれるようになるのです。

結局、科学にしても道徳にしても、最終的な根拠は〝権力への意志〟であり、それに基づいて解釈されるというのがニーチェの考え方なのです。カント的な普遍性が19世紀になってだんだんと消え始めるのには、ダーウィン主義（ダーウィニズム）の影響も無視できません。ニーチェが〝権力への意志〟という言い方をして、〝力〟という問題に着目するのは、当然、ダーウィン主義の影響がありました。適者生存ではありませんが、生存闘争のような形で、それぞれが対立するという発想ももちろん同じです。

弱者は集団になって強者を引きずり降ろそうとする

法律やルールというものも、絶対的にそれ自体が正しいということはありません。それが正しいと思う人がたくさんいるだけなのです。その人たちの力と従う人の力、それぞれの力関係で、どちらの力が強いかによって正しさが認められるに過ぎないのです。道徳も同じなのですが、強い人と言うとあまり道徳的には見えません。

だから逆に、民衆を、彼らがそう思い込んでいるように利用するというパターンがあって、それが〝妬み〟から生まれたと言われるとき、当然弱者が自分たちを正当化するために道徳を作り出すわけです。そして、それを指導したのがキリスト教の僧侶であり、民衆の〝妬み〟を一般化するように僧侶が先導したわけです。だから、ニーチェはキリスト教を嫌うのです。

ニーチェは、まず〝力〟というところから出発します。この力というのは強いか弱いかがひとつの原則になっていて、すべての力は自分自身を向上させようとするのが基本になります。重要なのは、ニーチェにとって力を持つこと、力を増大することは、とてもポジティブなものだということです。

彼の発想だと、たとえば電気製品の場合は、性能が優れていることイコール力がある、になります。スポーツ選手でも、優れた選手というのは能力が高い、すなわち力のある選手です。つまり、力のあるものが良いものであり、力のないものは悪いものだと考えます。だから、力のある人と力のない人が出会った場合、力のない人は当然力では勝負ができないので、没落するしかないのです。しかし、それを受け入れることができず、さりとて力で勝負ができない場合、力の弱い人たちは集団になって、力のある人を引きずり降ろそうとするのです。その際、力があることは良いことではないとして、つまり良いということの意味を変えて、引きずり降ろすのです。

弱者のルサンチマンによって成立したのが道徳

これまでは、力のあることが良いことだったのに、力があっても決して良い人ではなく、むしろ、そういう人は謙虚さが足りなかったり、他人に優しくなかったりするといった感じで、いわゆる精神的な要素に差し替えてしまうのです。実際、良いスポーツ選手と言う場合、ふたつの意味があって、能力が高いだけではなくなっています。

彼は良い選手だけど、人間としては良くないといった場合、能力の問題だけでなく、謙虚さや優しさ、たとえばスポーツマンシップなどと言われるような要素が入ってくるのです。そして、選手としての能力がいくら高くても、謙虚でなかったり、優しくなかったりすると、逆に〝傲慢〟であり、どちらかと言うと悪い選手だと評価されてしまうのです。

時代劇などでも、悪人はだいたい権力者であり、力というものは悪いことをして手に入れるものみたいなイメージがあります。つまり、もともと良いというのは、能力が高いとか優れているという意味だったのに、人間的な優しさとしての意味のほうが強くなってきているわけです。この意味を逆転させたのがキリスト教であるというのがニーチェの考え方です。

力のない人たちを自己正当化するのが〝ルサンチマン〟なのですが、力のない人は力のある人と直接対決しても絶対に勝てないので、自分たちが弱者であることを正当化して、だから自分たちは良い人なんだという風に意味を変えてしまいます。私たちがお金持ちを見て、どうせ悪いことをして儲けているのではないかと思うのは、やはりルサンチマンがあるからです。

だから、弱者のルサンチマンによって道徳が成立したとニーチェは語るのです。ギリシャ時代の大本となる良さは能力があることで、悪いというのは能力がないことでした。これがニーチェの根本にある考え方なのですが、そこにキリスト教が入ってくることによって、意味が逆転してしまったわけです。

キリスト教には〝隣人思想〟というものがあって、たとえば「貧しきものは幸いである」などと言うわけですが、なぜ貧しいものが幸いなのかと普通は思います。思いますが、決してそれを口にすることはありません。なぜ貧しいものが幸いかと言うと、貧しくないものは傲慢であって、他人に対する優しい心持ちがないからであり、逆に貧しい人こそがさまざまな人間性を備えていると言われると、何となく納得してしまいます。

ニーチェが、いわゆる能力主義をそのまま肯定しているかどうかは別にして、少なくとも、民主主義や平等主義といった考え方はすべてキリスト教から生じたものとして批判的です。それらはすべて弱者の正当化だと考えるからです。

強者はもういない

実のところ、ニーチェの時代に〝強者〟はいません。別に彼は、当時の権力者たちを力ある者、すなわち強者として崇めていたわけではないのです。古代ギリシャ以降、強者はすべてキリスト教によって駆逐されて、すでに存在せず、弱者ばかりが支配していると考えているのです。

誤解してはいけないのは、ニーチェにとって、今どきの権力者は決して強者ではないことです。ニーチェの考えでは、キリスト教はもちろん、近代国家の民主主義、そして社会主義もすべて弱者の延長線上にあります。

決して彼は、支配権を持っている人を強者と考えているのではなく、むしろ政治的な支配権を持っている人たちは、弱者の代表という顔で支配権を持っているに過ぎないと見ていたのです。ニーチェにとっての強者、そして超人というのは、ギリシャの英雄時代にしか存在しません。現在の支配者を褒め称えるために超人を考えたわけではないのです。しかしながら、それをヒトラーが、我こそ超人であるという形で、うまく利用してしまったのです。

今ある社会の支配者は決して強者ではなく、弱者の代表として支配権を握っているに過ぎないという状況において、なぜニーチェは弱者を批判するのかと言うと、弱者は、自分の力がないことを正当化して、社会の支配権を握ろうとするからです。

つまり、それは彼にとって〝誠実〟ではないからです。弱者であろうと強者であろうと、すべての人は〝権力への意志〟を持つというのがニーチェの発想です。

弱者が強者との対決で負けても、ルサンチマンによって引きずり降ろそうとするのは、〝権力への意志〟の現れです。それは、弱者の地位に留まろうとせず、相手を引きずり降ろすことによって、自分自身を押し上げることになるからです。結局、〝妬み〟の基本は、相手を引きずり降ろし、自分自身が相手よりも上に立つという発想なので、それ自体は〝権力への意志〟なのです。だからニーチェは、相手を引きずり降ろすこと自体は否定しませんが、ルサンチマンによって作り上げられた〝道徳〟には否定的です。

なぜなら、道徳は、自分自身が力を持つことを否定しているからです。それは誠実な態度ではないというのがニーチェの考え方であり、〝権力への意志〟があるのに、それを隠して、いかにも自分は弱者だという顔をしながら、支配権を握ろうとする。それが道徳に対するニーチェの批判になるわけです。

注1　カント
イマヌエル・カント（1724～1804年）。ドイツ（プロイセン）の哲学者。大陸合理論とイギリス経験論を合流させ、認識論にコペルニクス的転回をもたらし、ヘーゲルへと続くドイツ観念論の起点となった。

注2　フロイト
ジークムント・フロイト（1856～1939年）。オーストリアの精神科医。精神分析の創始者で、「無意識」を発見したことで知られる。

注3　パラダイム論
アメリカの科学史家であるトマス・クーンが提唱した科学史、科学哲学上の理論体系。パラダイムは、「一定期間、特定分野の科学者の集団において共有される支配的なものの見方や考え方」を意味しており、その行き詰まりなどによって、他のパラダイムに乗り換えること（パラダイム変換）によって科学革命が起こるという考え方。

第5章

妬みが道徳を生み出した――「ルサンチマン」

――道徳における奴隷一揆は、ルサンチマン（怨恨 Ressentiment）そのものが創造的となり、価値を生みだすようになったときにはじめて起こる。すなわちこれは、真の反応つまり行為による反応が拒まれているために、もっぱら想像上の復讐によってだけその埋め合わせをつけるような者どものルサンチマンである。すべての貴族道徳は自己自身にたいする勝ち誇れる肯定《ヤー・ザーゲン》から生まれでるのに反し、奴隷道徳は初めからして〈外のもの〉・〈他のもの〉・〈自己ならぬもの〉に対して否《ナイン》と言う。

『道徳の系譜学』10

（ニーチェ全集11／信太正三　訳／ちくま学芸文庫）

〝ルサンチマン〟はニーチェオリジナルの言葉ではない

〝ルサンチマン〟の考えは、キルケゴールが使い、それをニーチェが転用したワードですが、ニーチェは自分が転用する際に元ネタについては言及しません。だから、後々の人にとってはニーチェが考え出した言葉だと誤解することも少なくないのですが、ニーチェは自分がオリジナルであると主張したこともなく、あたかも当然のようにその言葉を使って説明しているに過ぎないのです。

これは〝ルサンチマン〟に限らず、〝超人〟にしても〝ニヒリズム〟にしても〝神は死んだ〟にしても、すべて同じで、読む人がその元ネタを知っていて当然であるという態度を貫きます。今なら絶対に通用しない手段ですが、まだそういった感覚がなかった時代なのだと思いますし、逆に、〝超人〟について言えば、ゲーテの『ファウスト』くらいみんな読んで知っているだろう、それをわざわざ説明する必要があるのか？　くらいの感覚だったのではないかと思います。

ニーチェはもともと古典文献学者ですから、古代ギリシャやローマに対する知識がすごく豊富でした。そして、新聞もよく読んでいましたし、下世話な話も好きで、雑誌などもよく読んでいたと言われています。そして、ニュースとして伝わってきた言葉を、面白がって使うところもあったようです。

〝ニヒリズム〟という表現も、哲学の分野で使われていることは当然知っていたし、それ以上に、ロシアでテロリストたちが使っていたり、若者が自分の親の考え方に反抗するときや道徳的なものへの反抗心に対して使われていることを知っていて、ドストエフスキーの小説などを読んで面白いと思い、自分の考えを表現するのに適切だと思ったから使ったに過ぎません。そこに葛藤があったようには思えず、気に入ったから使った、ただそれだけのような気がします。

これが研究書や学術論文であれば、引用や出典が非常に重要になってくるのですが、ニーチェはそういったものに縛られていませんから、特に配慮する必要もなかったのです。だからこそ、あまり事情に詳しくない人がニーチェを読むと、あたかもニーチェがオリジナルのタームで説明しているように見えるのです。

実際、哲学自体がそういった学問であるという側面があります。先人の使った言葉や概念を研究し、それを批判したり、言い換えたりしながら、自分自身の思想を導き出すのが哲学であり、それを何千年と続けているわけですから。

キルケゴールとニーチェの共通点

少し余談が長くなってしまいましたが、〝ルサンチマン〟という考えはもともとキルケゴールが『現代の批判』という本で表現したものです。キルケゴールと言えば〝実存主義〟であり、ニーチェも〝実存主義〟の系譜に属すと言われますが、実のところ、ニーチェは〝実存〟という概念を使ったことはありません。ただ正確に言うと、実存主義で問題になるような「実存」という概念は使っていません。「実存（Existenz）」というドイツ語は、日常的には「生存」とか「存在」あるいは「人間」さえ意味するごく普通の語ですので、この意味では使っています。

それなのに、なぜ実存主義なのか？　そのあたりが説明されることはほとんどないのですが、私なりにキルケゴールとニーチェの共通点を考えてみると、〝ルサンチマン〟の概念と〝仮面〟というワードが浮かび上がってきます。

キルケゴールは、自分の名前を匿名にするのが好きで、その意味でも〝仮面〟を好んだ哲学者なのです。アイロニーが好きなところも、ニーチェがキルケゴールを受け入れたひとつの理由だと思います。そして、世の中に対する批評文として書いた『現代の批判』の中に〝ルサンチマン〟が出てくるのですが、これは大衆批判なので、そのままニーチェの道徳批判とも繋がっています。

大衆というのはみんな横並びになりたがり、平均化するというのがキルケゴールの主張で、大衆は平均ではない人を叩くのが好きである、としています。その意味で、キルケゴールは〝ルサンチマン〟を使っているのですが、これを読んだニーチェが、自身の道徳批判にも利用できると考えたのではないかと思います。この大衆批判や、自分自身を乗り越えていくといった考え方が、実存主義の基本的な発想に通じるものでもあったので、〝実存〟という概念を使うかどうかに関わらず、ニーチェとキルケゴールとの繫がりが指摘できるのです。

知識には、理論的な知識と実践的な知識があり、理論的な知識が学問で、実践的な知識が道徳であるとされます。そしてニーチェは、この学問と道徳を芸術的な視点から説明しようと試みたのです。それがパースペクティブ主義で、すべての人に共通のものが成立するのではなく、あくまでも一定のパースペクティブの下で、学問や道徳の普遍性というものが成立するという考え方です。

そして最終的には、すべての生あるもの、人間だけでなく、すべての生物は〝権力への意志〟を持っていて、パースペクティブの違いは、それぞれが持っている〝権力への意志〟の違いによって生まれると考えました。そして、弱者の〝権力への意志〟が道徳を作るという発想なのです。

つまり、ニーチェは客観的だと思われている知識も、普遍的だと思われている道徳も、それぞれの人が力を増大させようとする、まさに自らを支配者にしようとする強力な〝権力への意志〟こそが最終的な根拠であるという発想を持っており、それをどうやって見出すかが、道徳論のひとつの大きなポイントになってきます。

従来の系譜学を破壊した『道徳の系譜学』

ニーチェが書いた『道徳の系譜学』は、最近まで『道徳の系譜』と訳されていました。これは、ごく最近まで「系譜学」がひとつの学問であるということが、日本ではあまり認識されていなかったからではないでしょうか。しかし、ニーチェはヨーロッパ人ですから、Genealogieという言葉を、歴史学のひとつの部門として確立していた系譜学として、普通に使用していたはずなのです。

さて、この系譜学は、王侯貴族や神話の神々の祖先を遡り、系譜を作り上げる学問です。実際、聖書にもギリシャ神話にも系譜は必ず出てきますし、王侯貴族などの有力者の家には必ず系譜、つまり家系図があります。どこの家とどこの家が婚姻関係を結んで、どういった子供が生まれたかということをずっと辿ることができましたし、それを辿ることができる家系こそが優良な家系であると考えたのです。

逆に、系譜が辿れないのは、どこの馬の骨といった世界だったわけで、結局のところ系譜学は、自分自身の栄光を証明するためのものであり、貴族はこぞってパトロンとなって、学者に家系図を作らせたのです。系譜学という学問こそ成立してはいませんが、日本でも同じことで、江戸時代は武士だったとか、祖先を遡ると源氏だったみたいなことを誇る人は少なくありません。つまり、系譜学や系譜というのは、基本的には自身の栄光を誇示するためのものなのです。しかしニーチェには、そういった意味での〝系譜学〟を徹底的に壊そうという意図があったのです。

『道徳の系譜学』と言うのは、道徳がどこから生まれたかを辿ることを目的とした本なのですが、この本の中でニーチェは〝系譜学〟の意味を意図的に逆転させせました。というのも、一般的には系譜を辿る、つまり自分の起源や出自、由来を明らかにすることの目的は、いかに自分が優れているかを系譜によって裏付けることです。

しかし、ニーチェはそれを逆転させて、威張っている人の出自を暴き立てることによって、現在の権威を叩き壊そうとしたのです。その意味では、有名人のスキャンダルを暴き立てる週刊誌のやり方に近いもので、過去を振り返ることによって現在素晴らしいとされているものを根本から批判しようと試みたのです。起源や出自の良し悪しを語ることに意味があるのかという議論はもちろんありますが、出自が現在の栄光に直結すると強く信じられていた時代においては、この手法は大きなカウンターパンチになったのです。

道徳とはそもそも良いものなのか？

『道徳の系譜学』でニーチェが問いかけたのは、「道徳とはそもそも良いものなのか？」ということです。学校で行われている道徳教育について、その内容の是非はあるにせよ、教育すること自体はあまり否定されません。道徳はみんなが身につけるべきものだということが前提になっているからです。

しかし、ニーチェはその前提を壊そうとしました。そして、『道徳の系譜学』によって、その出自を探り、道徳の根源はルサンチマン、つまり妬みであると暴き立てたのです。道徳は妬みを正当化したに過ぎないのだから、道徳なんて教えるのはやめてしまおう。これがニーチェの道徳に対する考え方なのです。

系譜学という通常行われている学問を使いながら、その意図を根本から変えてしまう。これはニーチェがよく使う手法ですが、日本では系譜学そのものがあまり認識されていないこともあって、イマイチ理解されていないところではありました。

私もニーチェを読み始めた頃、不思議に思ってドイツの哲学辞典を調べてみたら、系譜学というのは17世紀くらいにヨーロッパで成立していた学問で、ニーチェが徹底的に批判して、意味を変えたという説明が載っていたのです。残念ながら、日本の辞典にはそんなことは全然書かれていませんでした。

なお、こういった系譜学をやったのはニーチェが初めてで、これと似たようなことを無意識の次元で試みたのがフロイト。マルクスも同じようなことをやったという説明が載っていました。

起源を尋ねる、あるいは起源を明らかにすることによって、現在の栄光とか、現在の崇拝されている事柄を解体し、叩き潰すというのが、ニーチェによる系譜学の意図ですから、『道徳の系譜学』は、すばらしいものであり、みんな学ばなくてはいけない、尊重しなければいけないと思っている道徳に疑問を持ち、その由来を尋ねることによって、実際はいかにひどいものなのか、いかにみすぼらしいものなのかを明らかにしようとしたわけです。

『道徳の系譜学』の大きなポイントは、系譜を辿ることで道徳を批判したことよりも、系譜学の意図を逆転させたことにあると思います。ニーチェは元ネタに対して、その本来の意味ではなく、彼なりの使い方をしようとする傾向があります。ニーチェは〝逆手に取る〟のが好きなのです。本来の使い方があって、当時の人にとっては常識だと思われていたものの意味を変えてしまう。彼は元ネタがあることはまったく気にしません。それを使っていかに遊べるか、パロディが作れるかのほうが重要だったのです。

ニーチェは〝系譜学〟の意味を意図的に逆転させた

実際のところ、ニーチェのやり方以外で新しいものを作り出せるのかという問題もあります。まったく誰も使わなかったようなことを新しく発見した哲学者が今までにいたのかという話です。哲学というのは必ず、概念の意味付けを変えることによって、批判したり、新しい理論を作り上げたりするわけで、まったくゼロから作った人なんてほとんどいません。

たとえば古代ギリシャに遡った場合、プラトンだって元ネタがあって、イデア論はもともとピタゴラス派の概念だったとか、あるいはデモクリトスが最初に使った言葉だとか言われています。

有名な話ですが、プラトンはデモクリトスの本を全部焼けと言ったそうです。なぜ焼けといったかは謎ですが、たしかに、彼の本の中にデモクリトスの名前は一度も出てきません。それくらいアカデメイアの中では、デモクリトスの名前は触れていけないものだったと思われます。

実際のところ、デモクリトスの本が焼かれることはなかったのですが、現在ではほとんど残っていません。デモクリトスにはプラトンと同じくらいの著作があったと言われており、それらが残っていたら、歴史が変わっていたかもしれません。

ニーチェの『道徳の系譜学』は風変わりな切り口の本で、それまでこの視点で道徳を研究した人はいませんでした。道徳がいかに醜く、卑しいところから生まれたのかを暴き立てることで、道徳を尊重し、敬う人たちを徹底的に批判したのですが、この視点はニーチェならではの視点であり、このために彼は系譜学を、一般的に通用している意味から変えて転用したのです。

この意味を変えながら転用するというのが、おそらくポストモダンの思想家がニーチェを好む理由にもなるわけです。道徳はどこから生まれたのかというのが系譜学の基本的な視点なのですが、系譜学以外でも、由来を尋ねるという研究はあります。

現在だと、進化論的に道徳の起源を尋ねるという試みが行われていて、どういった集団の中で作られたとか、DNAとか、ミーム(注1)とか、そういった進化論的な形で説明を行う研究なのですが、進化論的な方法で道徳を説明すると、

「人間は利他主義的である」という形で落ち着くことが多いです。それに対してニーチェは、利他主義的であるどころか、そもそも利他主義そのものがインチキ臭いものであると解釈したのです。

キリスト教的価値観の道徳

少なくとも、当時のヨーロッパの道徳は、困った人がいたら助けましょうといったキリスト教の隣人愛に基づくもので、そういった学校で教える道徳こそが、基本的にニーチェが批判する道徳だったのです。彼が批判しようと試みた道徳は、その当時、学ぶべきものであり、身につけるべきものであるとされていた社会的な規範やルールにも繋がるものです。

その社会的規範やルールを保証していたのがキリスト教的な神であり、弱者を助けることが良いことであるといった隣人愛的な思想に基づくものでした。しかし、これはあくまでも現代において作られた道徳であり、本来の善悪は、そういった意味合いであったのかというのが、ニーチェの指摘だったのです。

　人間をはじめ、あらゆる生物の基本的な関係性は力と力であるというのがニーチェの発想です。そして、道徳がまだ成立していない時代は、強い力こそが善で、弱い力は悪だと考えられていました。これをニーチェは「貴族道徳」と呼びます。このニュアンス自体は現代社会にも残っていて、たとえば良いスポーツ選手は、能力があるとか、優秀であることを意味しますし、悪いスポーツ選手は、能力がないとか、劣っていることを意味します。

　つまり、力があることを評価軸とする考え方は今でも成立します。しかし、そういう意味での良い悪いという評価が、キリスト教の成立を境に、意味を変えたのだと主張するわけです。つまり、力が強い人は傲慢で、他人のことを考えず、自分本意であると。

　今でも、自己中心的だとか、協調性がないとか、謙虚さがない人は批判されますし、評価されるのは、他人に対して謙虚で、困った人がいたら我が身も顧みずに手助けするような、利他主義的で、腰の低い人だったりします。これこそが、弱者が自分自身を正当化するために作り出した道徳であるとニーチェは考えたのです。そのため、ニーチェはこれを「奴隷道徳」と呼んでいます。

弱者が自分たちを正当化するために道徳を作り出し、それによって支配権につくのを指導したのが教会組織であり、僧侶であるとニーチェは主張します。つまり、弱者と強者のほかに、教会組織というものがあって、教会組織が弱者を上手く利用しながら、弱者に対する支配権を作り出したというのが本意であり、彼が本来批判したかったのは、そういった教会組織によって作り上げられた道徳であり、弱者そのものを目の敵にしていたわけではないのです。

いずれにせよ、教会組織が民衆を利用し、彼らのルサンチマンを煽りながら、強者を叩き潰して、教会組織による社会的な支配階層を作り上げたわけですが、外から見ると、この支配構造はまったく見えず、道徳だけが守るべきものとして喧伝されたのです。

支配権を握ったものが強者ではない

ここで、弱者と強者という言い方をしていますが、ニーチェの時代には、強者はすでに牙を抜かれてしまっていてほとんど存在しません。しかも、強者が現れようとすると、周りがこぞって叩き潰してしまうため、弱者ばかりの世界になってしまっているのです。

キリスト教の隣人愛による道徳はもちろんですが、ニーチェは社会組織としての民主主義も同じように批判します。彼にとっては、社会主義も弱者思想であり、それらはすべて、彼が想定する、本来あるべき良い悪いとは異なるものだと考えたからです。

弱者が自分のことを弱者であると認めてしまうと、強者に対して勝ち目がなく、先が見えなくなってしまいます。そのとき、ルサンチマンが弱者を生き長らえさせるひとつの手段となります。いつか強者を引きずり降ろしたいという気持ち、それはニーチェが言うところの〝権力への意志〟であり、その意味では、弱者の中にも〝権力への意志〟があるというわけです。

しかし、弱者は自分の中の〝権力への意志〟を自覚せず、認めません。むしろ、弱者であることを自己正当化するのです。それはニーチェにとってはインチキであり、自分の力を増大させることこそが全面的に肯定されることなのです。

〝権力への意志〟と言うと、政治家や貴族のように高みにいる人を肯定し、庶民や貧乏人を馬鹿にしているような見方をされる場合があります。しかし、先程も述べましたが、現代の社会において権力を持っている人が強者であるとニーチェは考えていません。あくまでも弱者が支配権を握っているに過ぎず、支配権を握ったものが強者になるわけではないのです。

これは、誤解を招かないように押さえておくべきポイントで、ニーチェの考える強者は、神々のような行動を取る、おそらくプロメテウス（注2）のような存在を想定していたのだと思います。神々に楯突く姿勢や態度が、何度も失敗を重ねるところも含めて、ニーチェにとっては強者のモデルになっているのです。

つまり、ニーチェにとって、強者はすでに存在しないものであり、強者が存在したのはギリシャの英雄時代で、キリスト教が成立した後はほとんどすべてが弱者になり、その弱者たちが自分を正当化することによって支配権を握ってしまったと考えているのです。

道徳は、社会集団を成立させるために外から与えられる矯正作用のような形で理解されます。そういった道徳を、善や悪を超えた存在として『善悪の彼岸』で批判するのですが、おそらくニーチェが道徳を批判するとき、彼自身には別の基準のようなものがあったのだと思われます。

それを、ドゥルーズをはじめとしたフランスの哲学者たちは、スピノザと関係させて〝倫理〟と言い換えました。ニーチェ自身はそうした意味で〝倫理〟という言葉は使っていませんし、それをいわゆる〝倫理〟と呼んでいいのかは別にして、道徳とは違う、彼なりの価値判断、良い悪いに対する考え方は当然あったはずであり、それに基づいて、道徳を批判していたのは間違いないと思います。

注1　ミーム
模倣によって人から人へと伝達する文化情報。ドーキンスによって、遺伝子との類推により生み出された用語で、人間の文化や言語、宗教などもミームに含まれる。

注2　プロメテウス
ギリシャ神話に登場する男神の1柱。ティタン神族でありながらゼウスに味方するも、後にゼウスと対立し、人間に火を与える。ゼウスによって、大鷲に肝臓をついばまれ続ける刑に処せられるが、ヘラクレスによって解放される。

第6章

人間の向こうに何があるか――「超人」

わたしはきみたちに超人を教える。人間は、超克されるべきところの、何ものかである。きみたちは、人間を超克するために、何をなしたか？

従来あらゆる存在者は自分を超え出る何ものかを創造した。ところがきみたちは、この大いなる上げ潮の引き潮であろうと欲するのか、そして、人間を超克するよりも、むしろ動物へと後退しようと欲するのか？

人間にとってサルとは何であるか？　一個のお笑いぐさ、あるいは一個の痛ましい羞恥である。そして超人にとっては、人間はまさしくそういったものであるはずだ、すなわち一個のお笑いぐさ、あるいは一個の痛ましい羞恥であるはずだ。

きみたちは虫から人間への道程を成就した。ところが、きみたちは身のなかの多くの点はなお虫である。かつてきみたちはサルであった。ところが、いまもなお人間は、いかなるサルよりも、より多くサルである。

『ツァラトゥストラ』序言3（ニーチェ全集9・10／吉沢伝三郎　訳／ちくま学芸文庫）

『ツァラトゥストラ』で集中的に使われた〝超人〟

〝超人〟というのは非常に有名な概念で、ニーチェのことをよく知らない人でも一度は聞いたことがあるくらい有名な言葉ではありますが、ニーチェにとって重要な概念であったかどうかは、研究者の中でも大きく分かれるところです。というのも、〝超人〟という言葉は『ツァラトゥストラ』の中で集中的に使われていて、他の著作にはほとんど出てこないのです。

このことから、ニーチェ自身、あまり〝超人〟を上手く強調することができなかったのではないかと思われます。しかし、後世の人々が〝超人〟という言葉を、あたかもニーチェの代表的な思想として捉えてしまったため、未だに多く語られるのですが、実際のところ、ニーチェが〝超人〟をどこまで肯定していたかは不明です。

最近の研究でも、ニーチェが〝超人〟という言葉を使ったのは、時期的にかなり限定されていて、あまり積極的には使っていなかったと言われています。その意味では、『ツァラトゥストラ』があまりにも有名すぎて、〝超人〟が独り歩きしてしまったと言えるかもしれません。

それゆえ、ニーチェが最終的にどれくらい積極的に〝超人〟を自分の思想として考えていたかは、大きな問題として残ります。さらに、これまでにも何度か言及していますが、そもそも〝超人〟がニーチェのオリジナルの概念ではないところです。

多くの人は、ニーチェが〝超人〟について説いたとか、ニーチェの考え出した大きな思想のひとつのように考えていますが、超人思想というのは、古代ギリシャの時代からずっとあるものです。それはプロメテウスのように人知を超えた英雄的な行動をする存在であり、ゲーテが『ファウスト』において〝超人〟を描くのも、ほとんど常識のように〝超人〟というものが考えられていたからです。ゲーテ以外にも、ニーチェが評価する同時代の大音楽家・ベートーベンが、超人的な力を持っていると自称していたのも有名な話だったのです。

つまり、〝超人〟という概念は、ニーチェのオリジナルというわけではありませんし、もちろんニーチェ自身も最初からそれを自覚しています。そして、『ツァラトゥストラ』の中では多用するものの、それが最終的に彼の思想として生き残ったかどうかは必ずしもはっきりしていないということは、最初に理解しておくべきポイントになります。

人間とはサルから〝超人〟へ向かう中間にあるもの

実際、『ツァラトゥストラ』は3部作で出版され、その後で第4部が書かれています。この第4部は、それこそ私家版であり、友人だけに配り、最後に回収したりしています。正直なところ、『ツァラトゥストラ』を読めばすぐにわかりますが、これでひとつの物語として完成しているとは言い難い部分があります。さらに、キリスト教の批判や道徳の批判なども、その中のほんの一部が暗示されているに過ぎず、思想としてはあまり展開されていません。

そのあたりの思想は、後々になって『善悪の彼岸』や『道徳の系譜学』『偶像の黄昏』などに引き継がれることになるのですが、〝超人〟については、人間の目指すべきひとつの目標であるかのように提示はされているものの、それが具体的にどういうことであり、具体的に〝超人〟とは何かについては何の説明もありません。

ニーチェが説明したのは、本章の冒頭に引用した部分につきます。彼にとって人間とは、あくまでもサルから〝超人〟へ向かう、ちょうど中間にあるものと考えています。これは、ダーウィンの発想、つまり進化論的な発想で、彼がどこまでダーウィンの考え方を読み込んでいたかはわかりませんが、少なくとも耳学問としては彼の中にあったはずです。実際、〝権力への意志〟も、生存闘争といった進化論のひとつとして理解すれば、そんなに難しい話ではありません。

〝権力への意志〞が人間だけでなく、すべての生あるものに存在すると考えるのも、ダーウィン的な進化論の影響であり、人間がサルから超人へと至る中間段階にあるという発想も、進化論的な考え方がその背景にあったからだと思います。

少なくとも、ニーチェの発想では、自分をパワーアップさせるということが非常に重要で、物事を理解するのも、道徳的な判断をするのも、すべて〝権力への意志〞が基本的な原理であり、その〝権力への意志〞の極限モデルが〝超人〞であると考えていました。力が一番ある人が〝超人〞ですから、「超人とは何ですか?」という問いに対しては、「〝権力への意志〞のひとつの極限形態である」というのが答えになるわけです。

しかし、そこにどれくらい具体的なイメージがあったかは非常に難しいところで、それ以外の説明はされていないのです。『ツァラトゥストラ』においては、〝権力への意志〞が重要な概念となっています。すべての生あるものは〝権力への意志〞を持っていて、その〝権力への意志〞に基づいて自らをパワーアップさせるのが、生きとし生きるものすべてにある大きな原理であり、だからこそ、道徳も作るし、学問も作り上げるというのがニーチェの発想です。

道徳にしても学問にしても、それらが客観的な真理ではなく、多数に信じられたひとつの大きな嘘であると彼が主張するのは、すべての人が持つ〝権力への意志〟からそれらが生まれてくると考えたからです。

生きること自体は否定しないのが〝超人〟

さらに、『ツァラトゥストラ』の一番基本的な根本思想とニーチェが呼んでいるのは、〝永遠回帰〟の思想です。〝永遠回帰〟というのは、これまで何度か説明してきたように、自分の生きてきたことが無限に繰り返されるということです。『悲劇の誕生』を書いた頃は、生きることは苦痛であり、苦悩を引き起こすから、生まれてこなかったほうが良かったという考え方だったのに対し、『ツァラトゥストラ』では「あなたが今まで行ってきたことを、同じような順番で無限回繰り返すとしたら、一体どうだろうか？」という問いを投げかけるのです。

それはつまり、「人生には何の変化もないのに、それでも生きますか？」「明日やることは、昨日やったこととすべて同じで、すでに答えが見えている。こんなに退屈なことはないのに、それでもあなたは生きますか？」という問いかけなのです。この〝永遠回帰〟と呼ばれる思想に対して、ニーチェは「それでも私は生きます」と言わなければならないのです。なぜなら、彼は生きているからです。ニーチェは、何とかして生きていることを肯定する必要があったのです。

生きていながら、生きることを否定するというのはショーペンハウアーの発想であり、これをニーチェが嫌うのは嘘をついているからです。人生なんて苦しいだけで意味がない、生きる価値なんてないんだと言いながら、それでも生きているのは矛盾しているというのがニーチェの考え方であり、生きている以上は、何らかの形で、生きることを肯定しなければならなかったのです。

そして、「生きることとは、同じことを無限回繰り返しているだけに過ぎない」という思想においても、もちろん、「こんなにつまらない人生、退屈な人生を続ける理由は何ですか？」と問われたときに、肯定的な回答をする必要があるわけです。

そこでニーチェは、それに耐えられる人を〝超人〟と呼んだのです。つまらなくて、退屈な人生であれば、その中に別の理由、たとえば〝生きがい〟を見つけて生きるというのが普通の考え方ですが、ニーチェはその考え方を採用することができません。ニヒリズムの考え方自体は変わらずに持ち続けているので、生きるということと別のところに何らかの目的を求めることができなかったのです。

生きることとは同じことの繰り返しで、退屈であるという前提に立ちながら、それを肯定するモデルを示さなければならない。そのモデルのひとつが〝超人〟だったのです。その意味で、彼の中では〝超人〟にいくつかのパターンがあって、ひとつは〝権力への意志〟をモデル化し、最大化した〝超人〟、そしてもうひとつが〝永遠回帰〟を耐えられるモデルとしての〝超人〟だったのです。

永遠回帰を考える上で、人生そのものには意味がないことを認める一方で、生きること自体は否定しません。これを肯定するためのひとつの根拠として、ニーチェは〝超人〟を提示したのだと考えられますが、逆に言えば、「人生はつまらない、生きている意味がない」と言うのは、ニーチェにとっては弱者なのです。

ショーペンハウアーのように、苦しいから音楽で一時的に逃避するのはもちろん、そもそも人生に意味を求めることが間違っているというのがニーチェの発想だったのです。

第7章

遊び、そしてパロディ――「永遠回帰」を生きるヒント

——ああ、とはいえ、この回生者が自分の悪意を吐きつけずにはいられない相手は、ひとり詩人たちや彼らの麗しい「抒情的感情」だけなのではない。この回生者が、どんな類いの生贄を自分のために求めるのか、パロディの題材となるどんな怪物こそが彼をたちまちに牽きつけるかを、知る者などいるだろうか？　「悲劇が始まる」（incipit tragoedia）——容易ならぬものであるようでもあり何でもないようでもあるこの本の結末のところに、そう書かれている。読者よ、用心したまえ！　なにかしら途徹もなく悪辣なもの、意地わるいものが、そこにあらわれているのだ。「パロディが始まる」（incipit parodia）——それは疑う余地もない…

『悦ばしき知識』第2版序文

（ニーチェ全集8／信太正三　訳／ちくま学芸文庫）

精神の三つの変化「駱駝」「獅子」「子供」

〝超人〟の発想は、〝権力への意志〟と〝永遠回帰〟、それぞれへの対応であるのとは別に、ニーチェには人間の変化を語る表現があります。それは、「精神の三つの変化」と呼ばれるもので、一番最初は駱駝であり、重荷を背負っている。次に獅子になる。獅子は自由になるが、批判的であり、いろいろな人に吠えかかり、噛み付いていく。そして最後に子供になる。

こういった表現を使うのですが、最後がなぜ子供なのかが非常に理解しにくいところです。自由な精神である獅子こそが、一番高い段階ではないかと普通は思うのですが、彼にとっては子供、それも幼児であることが重要なポイントになっています。重荷というのは、道徳やルールなどを考えるとわかりやすいかもしれませんが、そういった重荷を払い除けて、自由になって、議論したり、批判したりする。そんな獅子よりも子供のほうが高く位置付けられているのです。しかし、残念ながら、子供である理由は、一切説明されてはいません。

ニーチェには、新しい時代が来るという感覚があります。つまり、次の2世紀はニヒリズムの時代が到来するという感覚です。そこで、新しい人々が誕生するという意味で、その新しい人々の担い手を子供という形で表現したのではないかと考えられます。さらに、子供と繋がるキーワードとして〝遊び〟が挙げられます。獅子には敵がいます。その敵を打ち倒すために批判するわけです。しかし、子供には敵がいません。ただ、目の前のもので遊ぶ。遊んで楽しむという発想です。だから、〝子供〟と〝遊び〟が、ニーチェにとっての最終段階になったのだと思います。

そして、これを〝超人〟の段階であると読み替えてみます。もちろん、子供が超人であるという表現はどこにもありませんが、人が目指すべきものが〝超人〟である一方で、精神の最終段階が子供であるという発想。この2つの表現を組み合わせれば、子供の段階こそが〝超人〟であるのは当然だと考えられます。

たしかに、ギリシャ時代の神々をはじめとする〝超人〟的な人たちは、基本的に〝遊び〟のように生きています。何かの目的のための行為、あるいは義務や責任がある行為を仕事だとすると、〝遊び〟にはそういった目的や理由付けはありません。あくまでも、遊ぶために遊ぶのです。

子供は、敵を倒すことも、敵を批判することもなく、自分自身の楽しみとして、自由に遊びます。それが精神の最終段階であり、〝超人〟のあり方だと考えてもおかしくはないと思います。

なぜ子供なのか

最終段階は子供で、その先はありません。大人に成長するなんてこともないのです。なぜ子供が最後なのかは、ほとんどの研究者は説明できないと思います。

なぜなら、それ以上ニーチェが言及していないからです。

ニーチェは、具体的な説明は何もしないのですが、何度も子供をモデルとして出してくるのです。ただし、子供がモデルのときは、基本的に遊びます。遊ぶことが、子供のひとつのイメージになっているのです。それがニーチェにとっての最終的なモデルであるとすれば、超人も遊ぶわけです。あたかも子供のように。そして、それが永遠回帰を受け入れるポイントになるのです。

ニーチェにとってのパロディ

これだけでは、具体的に、子供のように遊ぶとはどういうことなのかが、ちょっとわかりにくいかと思いますので、最後にパロディについて、あらためてお話ししようと思います。

パロディについては、この章の冒頭で引用している『悦ばしき知識』において語られています。『ツァラトゥストラ』は、悲劇として始めるのがニーチェの最初の意図だったのですが、『悦ばしき知識』の第2版の序文で『ツァラトゥストラ』の構想を語る際に、悲劇ではなく、「パロディが始まる」という表現に変更したのです。つまりニーチェは、『ツァラトゥストラ』の物語を悲劇ではなく、パロディであると理解し直したのです。

『ツァラトゥストラ』には、いくつかのストーリーが想定されていて、もともとは弟子たちに看取られながら、エトナの火山に飛び込むという悲劇的な形で書かれる予定だったのですが、最終的にはごく普通に舞い戻ってきて、何の感動も生まない形で終わってしまいます。

こういった経緯を踏まえても、ニーチェの転換は、彼が『ツァラトゥストラ』をどのように理解していたかという問題だけでなく、結果が喜劇（コメディ）ではなくパロディであることにも大きな意味があるのです。すでに題材があって、その題材を書き換えるのがパロディの基本だとすると、コメディではなくパロディなのは、元ネタを強く意識しているからだと思います。そして、このパロディが、ニーチェが子供とか遊びとか笑いについて語る上での大きなヒントになってくるのです。

ニーチェの基本的なスタイルは、すでに題材としてあるもの、すでに彼以外の人によって語られていることを、彼なりの形に作り変える、つまりパロディを作ることです。この点については、本書において何度も指摘しているところですが、あらためて例示してみると、

ニヒリズム……ツルゲーネフ、ロシア政治思想
神の死……ヤコービ、ヘーゲルほか
生きる意味……ショーペンハウアー
パースペクティブ……ライプニッツ
妬み……キルケゴール
超人……ゲーテ、ベートーベン

このように、彼が扱ったさまざまな概念は、まさに彼以前の人たちが使ったものを題材として、彼なりの概念に、パロディとして書き換えたものなのです。

ニーチェにとっての遊び

ここで問題となるのは、〝遊び〟ということに対して、一般論としてどういうものであるかをニーチェが想定しているわけではないということです。こういう〝遊び〟をしましょうといった形で、ニーチェ自身の〝遊び〟について言及しているところはありません。〝遊び〟というのは、それぞれの人にとって、各自の遊びしかないからです。

そして、この〝遊び〟のポイントは、目的がその〝遊び〟以外にはない行為を意味しているところです。だから、何かのために遊ぶとか、お金儲けのために遊ぶといったことはありえません。それはニーチェが言うところの〝遊び〟ではないのです。〝遊び〟はあくまでもその行為そのものだけで自己完結するのがポイントであり、これはある意味で、ニヒリズムと強く関連します。それ以外のものに目的や価値を求めるのが今までのあり方だったのに対して、そういうものは基本的にはないというのがニヒリズムなので、その原則に立つ限り、〝遊び〟のあり方もそれ以外のものに目的を求めないことになります。だから、あくまでも〝遊び〟は〝遊び〟のためにこそあって、〝遊び〟の内で活動するのが〝遊び〟なのです。

人生でいかに遊ぶことができるのかが生きるヒント

〝遊び〟というと、ギャンブルをすることですか？　みたいに聞く人もいますが、基本的にはそういうことではありません。しかし、それならばどうすればよいのかと尋ねても、すべての人に共通な〝遊び〟などはありませんし、ニーチェ自身もそれを想定しているとは思えません。

あくまでも、〝遊び〟は各人にとっての活動のあり方でしか決まらないのです。そして、「人生は遊びである」とか「人生そのものが遊び」ということでもないのです。自分の人生の中でいかに遊ぶことができるのかというのが、永遠回帰を生きるポイントになるのです。

ニーチェが〝遊び〟に対して大きな方向性を見出すのは、子供というものを最終的なひとつのモデルとして考えたということも無関係ではありません。子供が遊ぶときに、何かのために遊ぶ子供はいません。その意味で、〝遊び〟のあり方のひとつのモデルを子供の遊びの中に見出したのだと思います。そして、それと同時に、〝遊び〟ということで、子供のあり方を規定したわけです。

しかし、これは子供だけの問題ではありません。ニヒリズムを受け入れながら、生きることを肯定するためには、どのように遊ぶかが問題になってくるからです。ニーチェにとっての遊びは、それこそ〝パロディを作ること〟であるとすれば、ニーチェの思想そのものが、実は彼自身の遊びの実践だったと考えられるのではないでしょうか。

人生は同じことの繰り返し

ニーチェにとっての〝遊び〟がパロディであると考えると、彼の重要な思想や概念がすべてパロディとして作り出されていることにあらためて気づかされます。そして、ニーチェの思想がパロディであるとするならば、それを理解するためには、その元ネタまで知っておく必要があるのです。

パロディとして理解せず、あくまでもニーチェをオリジナルとして理解しようとするのは、ある意味、悲劇的な理解と言えるかもしれません。ニーチェ思想そのものをパロディとして理解しなければ、ニーチェから〝遊び〟をイメージするのも難しくなってくるのです。ニーチェを語る上で、〝遊び〟のほかに〝笑い〟や〝踊り〟というキーワードもあります。これらはすべて、永遠回帰の中、いかに快活に生きるのかを示すものです。もちろん、これらにもすべて元ネタがあります。〝笑い〟という概念はヘラクレイトスから来たものですし、ルキアノスという〝超人〟の概念を使った作家が〝踊り〟についても論考しています。プラトンの中にも〝踊り〟についての論考があったようで、これらをすべてニーチェは知っていて、それを元ネタとしてパロディを作り上げているのです。

結局、それぞれの人にそれぞれの〝遊び〟があり、当然それはニーチェの〝遊び〟とも異なるわけですから、ニーチェがこう言ったから、自分もこうしようとはなりません。基本は、生きるということは同じことの繰り返しであるということが前提としてあって、この永遠回帰を生きる知恵が〝遊び〟になるのです。

ニーチェは当初、「人生は苦しみである」というショーペンハウアーの考え方を受け入れますが、後になって、「人生は同じことの繰り返しである」という〝永遠回帰〟という思想を取るようになりました。これは大きな転換であり、初期は苦しいから何とか逃れたいという発想だったので、悲劇あるいは音楽による忘我という答えを導き出したのですが、〝永遠回帰〟の場合、同じことの繰り返しというのは退屈だから、こんな退屈な人生をどうやって耐えれば良いのかという発想に至ったわけです。そして、ニーチェにとって重要だったのは、その退屈を克服するための方法ではなく、結局のところ、人生とは退屈なものであるという発想だったのだと思います。

その意味では、人生を退屈だなんて感じない人にとっては、ニーチェの思想はまったく面白くないのではないかと思います。実際、ニーチェも「自分と同じようなことを考えたことがある人でなければ、まず理解することができないだろう」といったことを書いているのです。

「人生は同じことの繰り返しであり、退屈である」という感覚を持っていない人、あるいは「生きることはこんなにも苦しみに満ちている」みたいなことを感じていない人にとっては、ニーチェの本を読んだところで、何を言っているのか理解できませんし、権力志向を持った妄想癖のある人くらいにしか思えないかもしれません。

おわりに

教養としてニーチェ哲学を学ぶというテーマで、ニーチェの基本的な考えを話してきました。ニーチェの著作は膨大ですから、この小さな本ですべて示すことなど無謀ではありますが、その中で根本的な問題が何であるかを明らかにし、それに対する答えを具体的に見てきました。

本書において、私がいちばん心がけたのは、ニーチェの文言をそのまま引用するだけでなく、具体的に説明したり、その帰結を示したりすることでした。そのため、ニーチェ自身は「そこまでは言っていない」ということも、あえて述べるようにしました。たとえば、「遊び」といっても、それがどんな「遊び」なのか、またどうして「遊び」が重要なのか、ニーチェ自身はほとんど語っていません。

研究論文であれば、ニーチェ自身が語っていないことを述べることは、強く戒めなくてはなりません。しかし、その場合、ニーチェの文言をそのまま引用しても、具体的なイメージが出てきません。これでは、ニーチェを理解するなど、とうていできなくなります。

そのため、私は「事実」としての文言から、一歩進めて「解釈」することにしました。もしかしたら、他の理解も可能かもしれませんが、解釈なくして理解は進まないと思います。そしてこれは、ニーチェの教えに忠実だと思っています。ただ、それをどう判断するかは、読者のみなさんに委ねるほかありません。

本書は、ニーチェ哲学への入門をめざしていますが、入門はあくまで第一歩にすぎません。これを読んだ後、ぜひともニーチェその人のテキストに触れていただきたいと思います。そのために、付録として、主要な著作について簡単に解説していますので、気になったものから読むことをお勧めします。自分の目でニーチェを読むと、また違ったニーチェ像ができ上がるかもしれません。

ニーチェ自身は、若い頃研究者として大学教授のポストにつきますが、ほどなく辞職し、在野の哲学者として一生を終えました。そのため、彼の著作は研究者としてではなく、むしろ一人の「生きる者」として絞り出されています。したがって、「どう生きていくのか」という問いが、生涯の最初から最後まで貫いていました。その点で、彼の思索は、すべての人に何かしらのヒントを与えてくれると思います。現在の生きづらい世の中で、ニーチェを読んでみてはいかがでしょうか。

『悲劇の誕生』

ニーチェが弱冠28歳のときに出版したデビュー作で、よくも悪くも一生の方向を決めた運命的な本です。初版のときは、「音楽の精神からの」という副題がついていました。その後1886年に第2版を出すとき、副題は「ギリシャ精神とペシミズム」に変えられ、さらに「自己批判の試み」という序文が新たに付加されました。

ニーチェとしては古典文献学の本として出版したので、その学問の権威であり恩師でもある教授に献本したら、まったく評価されず、むしろ学会から追放同然の立場に追いやられました。その意味で、ニーチェ自身の「悲劇の誕生」とも言える本ですが、逆にこの事件があったおかげで哲学者としてのニーチェが誕生したとも考えられます。

『悲劇の誕生』を読むときは、初版の序文（「リヒャルト・ワーグナーに捧げる序文」）から読み、次に本論に進み、最後に第2版序文（「自己批判の試み」）を読むのがいいと思います。その際、注目してほしいのは、『悲劇の誕生』に対する「自己批判」です。ニーチェはこの書で独自の立場を確立したのですが、その後で以前の問題設定を批判し、新たな立場へと変更したのです。ニーチェ思想を何段階に分けるかは別にして、初期と後期に分けて理解できるのは確かです。これがどう変わったのかは、後に示すことにします。

まず、『悲劇の誕生』の内容的な展開を見ておきますと、きわめてシンプルな3段階によって構成されています。全体を通してテーマとなるのは「ギリシャ悲劇」ですが、これが次のような歴史によって再構成されるのです。第1段階は「ギリシャ悲劇の誕生とその絶頂期」であり、その後第2段階として「ギリシャ悲劇の没落と死」が論じられ、最後に第3段階として「ギリシャ悲劇の再生」が提示されます。この最後の段階は、まさに現代にまで続き、ショーペンハウアー、ワーグナー、ニーチェによってギリシャ悲劇が再生する、というシナリオになっています。

この書で根本的に問われているのは、人間を根源的にどう理解するかということです。このとき、ペシミズム（悲観主義、厭世主義）とオプティミズム（楽観主義、楽天主義）という二つの立場があります。ニーチェはこの二つの立場の淵源に、ギリシャにおける二つの神「ディオニュソス」と「アポロン」を取り出しています。一方はお酒の神であり、他方は太陽の神です。この対比は形容詞的にも使われ、「ディオニュソス的」・「アポロン的」といった形で使われます。

こうした二元的な対比は芸術理解にもおよび、ディオニュソス的な音楽とアポロン的な造形芸術といった対比が語られます。ニーチェの理解では、ギリシャ悲劇はディオニュソス的な音楽の精神から誕生したが、その後アポロン的で楽天的なソクラテスによって殺害されたと見なされました。こうして一度は消えてしまったギリシャ悲劇を、現代において復活させようとしているのが、ショーペンハウアーやワーグナーというわけです。これをニーチェは高く評価し、みずからもその運動に参加しようという意欲を持っていました。

しかしながら、当初のこうした問題設定を、ニーチェは第2版序文「自己批判の試み」において、ロマン主義として拒否しています。このとき、一番問題だったのは、「生」を苦痛としてとらえ、そこから音楽（芸術）を通して忘却する、という図式でした。この図式は、ショーペンハウアーに由来し、ニーチェが受け入れたものでしたが、後になって強く批判するようになったわけです。こうして、ニーチェは『悲劇の誕生』でのペシミズムを自己批判して、それに代わる理論を提示しました。「自己批判の試み」を読むことによって、後期のニーチェ思想がコンパクトに書かれているのが分かります。

『ツァラトゥストラはかく語りき』

ニーチェの主著と言えば、この書をあげるのが定石になっています。そのため、何か1冊読むとすれば、『ツァラトゥストラ』は外せません。ところが、この書は取り扱いがけっこう難しいのです。

まず、書物のジャンルを考えたとき、これが哲学の本かどうか、判断が分かれるでしょう。内容をひと言で表せば、ツァラトゥストラという人物（歴史的には、ゾロアスター教の教祖）の言動をつづったもので、一見すると小説か脚本のような印象を受けます。

また、ヘビや鷲といった動物が登場したり、太陽のような自然に語りかけたり、多くの比喩が使われています。しかも、それぞれの形象が何を意味するのか、ほとんど明らかにされません。まるで、詩を読むように、謎解きをしなくてはならないのです。

そのため、『ツァラトゥストラ』は哲学書というより、文学作品として読まれてきました。もっとも、哲学と文学の違いがどこにあるのかと問えば、簡単には答えられません。しかし、ニーチェ自身は、哲学か文学かといったジャンルの区別など、まったく意に介することなく、むしろ新たな哲学のスタイルとして、いわば実験的に『ツァラトゥストラ』を書いたのです。ですので、旧来の固定観念を取り払って理解する必要があります。

さらに、この書の構成を考えたとき、謎はますます深まっていきます。現在私たちが読む『ツァラトゥストラ』は、4部構成になっています。そのため、本論では、そのように書いてきました。ところが、ニーチェが生前自分の手で1巻本として出版したのは、第1部から第3部までを含むもので、第4部は入っていません。この部分は、ニーチェが後に書いたもので、これをどう取り扱うかについて、研究者の意見が分かれてきました。したがって、『ツァラトゥストラ』を読むときは、このあたりに注意して読むことも重要です。現行版とは違って、第3

部でフィナーレを迎えているかもしれません。

この書の主題については、『この人を見よ』の中で「永遠回帰」が根本思想であると明言されています。そしてこれを、ニーチェは「およそ到達しうるかぎりの最高の肯定の方式」と呼んでいます。それゆえ、「永遠回帰」をどう理解するかが最も重要な課題になりますが、残念なことにニーチェはその手がかりをほとんど与えてくれません。この点でも、『ツァラトゥストラ』は謎に満ちた本と言うことができます。

このように謎の多い本ですから、読んですぐに理解できるというわけにはいきませんが、分かり難い個所に出くわしても、あまり気にせず読み進めることをおススメします。そうすると、おそらくハッとするような文章に遭遇して、自分の座右の銘になるかもしれません。ちなみに、私の座右の銘は次のものです。「いつまでもただ弟子でいるのは、師に報いる道ではない。なぜ君たちは私の花冠をむしり取ろうとしないのか」（第1部「贈り与える徳」）

『ツァラトゥストラ』を読むとき、注目しておきたいのは、これが最初は「悲劇」として構想されたことです。ニーチェは実際、そうした悲劇的なストーリーも構想したようですが、後になって「パロディ」として捉え直しました。これが何を意味するのか、本論でも説明しましたが、『ツァラトゥストラ』を読むとき自分の目で確認してほしいと思います。

『権力への意志』

『権力への意志』あるいは『力への意志』とも訳されますが、この書はニーチェが自分の手で出版したものではありません。1880年代にニーチェが書き残した原稿から、一時期の計画にもとづいて、妹を中心に編集されたもので、本来なら「遺稿集」とでも呼ぶべきものでした。ところが、あたかもニーチェが自分で1冊の本を構想したかのように、出版されたのです。しかも、ニーチェの主著であるように位置づけられました。

しかし、今日から見ると、この書物には編集上の問題がありましたので、最近の全集ではひとつの書物としてではなく、1880年代の遺稿として、もともとの原稿が書かれた状態に戻して、そのまま並べられるようになりました。ニーチェの妹は兄の文章を改ざんし、存在しなかった書物をでっち上げた、と非難されています。そのため、『権力への意志』をニーチェの著作として扱ってよいかどうかについて、大いに意見が分かれます。

ただ、『権力への意志』がまったく根も葉もない偽作かと問えば、必ずしもそうとは言えません。ニーチェはある時期、「権力への意志」ないし「あらゆる価値の転換の試み」というタイトルで、本を書こうとした計画はもっていたからです。その計画は、第1篇「ヨーロッパのニヒリズム」、第2篇「最高の諸価値の批判」、第3篇「新たな価値定立の原理」、第4篇「規律と育成」となっていました。この点では、現行の『権力への意志』と変わりがありません。そのため、ニーチェを評価する哲学者の中には、『権力への意志』を使う人もいます。ただ、この案は最終的には断念されましたので、その点には注意すべきでしょう。

まず、タイトルについて確認しておきます。もともと「意志」という概念を強調したのは、ショーペンハウアーであり、「生への意志」という形で導入していたのです。これに対して、ニーチェは「生」そのものの内に「権力への意志」を読み込み、これをすべてのものの原理としたわけです。

しかし、どうして「権力」とされたのでしょうか。原語はMachtとなっていますが、これには「力」とともに政治的なニュアンスもあり、「威力」とか「支配力」と訳すことも可能です。自然界の「力」を示すのであれば、「Kraft」という言葉もありますが、ニーチェは自然界から人間の政治的世界までを含め、力と力の関係が原理となると考えていました。その点まで考慮すると、「力への意志」と訳すことは、ニーチェの政治的なイメージを消し去ってしまうように感じます。ニーチェはむしろ、人間関係の毒々しさをあえて強調する意図もあって、この言葉を使ったのではないでしょうか。

しかし、「権力への意志」という政治的なイメージは、ナチスの政治方針を正当化するには都合がよく、ナチスに気に入られていました。そのため、戦後になって、ニーチェをナチス的なイメージから払拭して、再評価するとき「権力への意志」より、「力への意志」の方がよく使われています。ただこのとき、政治的なニュアンスを忘れないことが大切です。私としては、政治的な誤解も含め、ニーチェの魅力なのだと思いますので、「権力への意志」という言葉を使っています。

このように、編集上の改ざんや政治的なイメージなど、『権力への意志』にはさまざまな問題がつきまとうにしても、ニーチェの思想を1冊で知るには役に立ちます。専門の研究者であれば、残された原稿を年代順に読み解くこともできますが、専門家でない人はそれをする時間の余裕がありません。したがって、現実的には、指摘された問題点を念頭に置きながら、『権力への意志』を読むのがいいのではないでしょうか。この書が、ニーチェ哲学の宝庫であることは、疑えません。

『悦ばしき知識』

ニーチェの主著『ツァラトゥストラ』は詩的な表現が多用され、その思想を明確な形で理解するのは、必ずしも容易ではありません。そのため、重要な著作となるのが『悦ばしき知識』となります。ただ翻訳では、原語の「die fröhliche Wissenschaft」は、いろいろな訳があり、『愉しい学問』や『華やぐ智慧』といったものもあります。ちなみに、英訳のひとつは「ゲイ・サイエンス（The Gay Science)」となっていますが、ここで「ゲイ」というのは、「陽気な、快活な」という意味です。この書のタイトルにも、じつはオリジナル（古イタリア語la gaya scienza）があり、ニーチェのパロディはここにもあります。

まず形式的な話をしますと、この書が最初に出版されたのは1882年で、内容としては第1書から第4書までを含んでいました。その後、1887年に第2版を出版するのですが、そのとき「序」「第5書」「付録」をつけました。現在私たちが手にしているのは、この第2版のもので、初版とは構成が違っています。

また、『ツァラトゥストラ』との関係を言えば、『悦ばしき知識』の初版と第2版のあいだに、『ツァラトゥストラ』の第1部から第4部までが書かれています。さらには、『善悪の彼岸』の出版も、この間に含まれます。したがって、これらの全体の中で、『悦ばしき知識』を位置づける必要があります。箇条書きにすれば、次のようになります。

初版『悦ばしき知識』(1882年)出版
『ツァラトゥストラ』第1部執筆(1883年)
『ツァラトゥストラ』第2部執筆(1883年)

『ツァラトゥストラ』第3部執筆（1884年）
『ツァラトゥストラ』第4部執筆（1885年）
『善悪の彼岸』出版（1886年）
第2版『悦ばしき知識』（1887年）出版

『ツァラトゥストラ』との内容的な関連を考えてみましょう。そのため、三つの点を指摘しておきます。

第一は、『ツァラトゥストラ』の根本思想である「永遠回帰」ですが、これが初めて表明されたのは、341番の「最重量級の重み」と題されたアフォリズム(注)の中です。魔神（デーモン）があなたの後をつけて、囁くという設定です。ここで永遠回帰説が表明された後、次の断章342番でニーチェは、『ツァラトゥストラ』の冒頭になる文章を、そっくり載せています。

第二は、342番のタイトルが、「悲劇が始まる（Incipit tragoedia）」とされていることです。これを見るかぎり、『ツァラトゥストラ』は「悲劇」として構想されていたのが分かります。ところが、第2版の序文には、「悲劇が始まる」と書いた後で、「パロディが始まる（Incipit parodia）」と言い直されるのです。ここから分かるのは、ニーチェが『ツァラトゥストラ』の理解を「パロディ」へ変えたことです。

第三は、「神の死」について、最初に言及したのが125番のアフォリズムだったことです。この断章で興味深いのは、たんに「神は死んだ」というのではなく、「人間が神を殺害した」と述べたことです。ニーチェは「狂人」の話として、ランタンを灯して、神を探し回る狂人の男を描いています。その周りに神を信じない人々が集まったところで、「おまえたちと俺とで、神を殺した」と言わせています。神の死はひとりでに起こるわけでなく、人間が殺した点に注意する必要があります。

注　アフォリズム
短い文章で、人生や社会の事象や真実を簡潔に言い表したもの。金言や格言、警句、箴言などと訳されることもある。

『善悪の彼岸』

『ツァラトゥストラ』を書いた後、ニーチェは道徳批判の本を立てつづけに出版しました。ひとつがアフォリズム形式で書かれた『善悪の彼岸』であり、もうひとつが論文調の『道徳の系譜学』です。道徳批判は、『ツァラトゥストラ』の中で語られてはいるのですが、ほとんど展開されていませんでした。そのため、あらためてテーマにする必要があったのです。したがって、これら三つの著作は全体としていっしょに理解する必要があります。

『善悪の彼岸』は、サブタイトルが「未来の哲学への序曲」となっていて、批判というよりも、未来の哲学について、積極的に提示することをめざしています。

しかも、たんに道徳的な問題だけに限定されるわけではありません。というのも、ニーチェはこの書について、より広い観点から位置づけているからです。

たとえば、『この人を見よ』の中で、『善悪の彼岸』をこう説明しています。

「この書は本質的な点において、近代性への批判である。近代の科学、近代の芸術、そして近代の政治さえ除外されていない。同時にこの書は、可能なかぎり近代的でない対立的典型を指し示している」。つまり、ニーチェが「未来の哲学」と考えているのは、近代的でない考えにもとづく哲学なのです。このあたりが、ポストモダン（ポスト近代）の哲学者たちと共鳴するのではないでしょうか。

タイトルについて簡単に説明しておくと、ニーチェの場合「善悪」というのは、旧来の「道徳」の立場のものであり、「善悪の彼岸」はこうした道徳を超えることを主張しています。実を言えば、「よい gut」という言葉には二義性があって、二つの違いを強調したのがニーチェです。

一つは、「わるい（schlecht）」に対置される「よい（gut）」であり、「優秀」

という意味での「よい」です。能力の高い人（もの）を「よい」と呼び、能力のない人（もの）を「わるい」と呼ぶのは、この意味です。

それに対して、道徳的な意味で「善い」と言われるのは、「善（gut）と悪（böse）」という対で語られ、謙虚とか優しさという意味で使われます。

そして、ニーチェが「善悪の彼岸」というのは、あくまでも道徳的意味で理解されたもの（善と悪）を超えるように提唱することです。道徳的な判断から離れて、もっと自由に考えるように誘うのです。

では、「善悪を超えた」、言い換えると「道徳を超えた」思想とはどのようなものでしょうか。ニーチェはそれを、近代的でない思想と呼んでいますが、それを明示する言葉を出していません。フランスの哲学者ジル・ドゥルーズはこのニーチェの考えを、スピノザの哲学と結びつけて「倫理（エチカ）」と呼んでいます。つまり、「善と悪に拘泥する道徳（モラル）」と「善と悪を超える倫理（エチカ）」という対比です。これはニーチェの方向に沿った、ひとつの発展的な解釈かもしれません。

『道徳の系譜学』

『道徳の系譜学』は、ニーチェの後期の本にしては珍しく、論文調で書かれ、議論を追っていくことができます。しかも、何より記述が短いので、ニーチェ入門には最適の本であると言えます。フランスの現代思想家たち、たとえばドゥルーズやフーコーなどが重視している点でも、現代では必読と言えます。

ニーチェがこの書で企てたのは、「道徳（モラル）」がどのように成立したのか、その生成を探ることです。そのためにニーチェが採用したのが、「系譜学(Genealogie)」という学問でした。これは、当時のヨーロッパではよく知られた歴史的な学問で、神々や王家、貴族などの家系を調べ、系図をつくるのです。ただ、伝統的な系譜学は、王や貴族たちの現在の栄光を正当化するためのものでした。それに対して、ニーチェの系譜学は、起源に遡ることによって道徳を批判し、その正当性を解体しようとするものです。

では、系譜学によって、ニーチェが道徳の起源として見出したのは何だったのでしょうか。ニーチェによれば、現在の道徳は、弱者たちのルサンチマンから生まれたとされます。

もともと、人間の間には力の差異があり、能力の高い人（強者）と能力の低い人（弱者）が存在します。このとき、弱者は強者に対して力で対抗できず、その代わりに弱者であることを正当化して、強者を引きずり降ろそうとします。これを、ニーチェはフランス語から自分の用語に変えて、「ルサンチマン」と呼びます。これは「逆恨み」「妬み」「怨恨」「反感」などと訳されますが、弱者のジェラシーを正当化したものと考えることができます。

そこで歴史をあらためて考えてみますと、古代ギリシャの英雄時代のように、自分の力を肯定し、強者を「よい」、弱者を「わるい」とする時代がありました。

これをニーチェは「貴族道徳」と呼んでいます。しかし、こうした時代の後で、キリスト教とともに弱者を善とし、強者を悪とする時代がやってきます。これが「奴隷道徳」と呼ばれます。この弱者を管理指導するのが、僧侶たちというわけです。ニーチェはこうして成立する道徳を、「畜群本能」から生み出されたと見なし、厳しく批判します。この道徳は、キリスト教以後、ヨーロッパを支配することになります。

こうした道徳に対して、ニーチェは力の差異を肯定する考えを抱いていますが、それをモデル化したのが『ツァラトゥストラ』の超人です。しかし、『道徳の系譜学』では残念なことに、奴隷道徳に代わる積極的なモデルは示されていません。その点で、この書は批判的な書物と言えるでしょう。

『この人を見よ』

原題の『Ecce homo』は、ラテン語で「見よ、この人だ」を意味する言葉であり、イエスが捕らえられ、磔《はりつけ》の刑に処せられるとき、民衆に向かってローマ総督であるピラトが発したものです。したがって、「この人」というのは、イエスを指すわけです。ところが、ニーチェはこのことを十分承知したうえで、「この人」をニーチェ本人として使い、自伝を書いたのです。ここにも、ニーチェのパロディ精神がいかんなく発揮されています。したがって、「この人を見よ」というタイトルを見た瞬間に、ニーチェのパロディが分かって思わず笑いが出てきます。

内容を見ると、何よりもその表現に驚かされます。たとえば、序言の冒頭に次のように言われています。

「私は近いうちに、これまで人類に突きつけられた要求の中でのもっともむずかしい要求を人類に突きつけねばならなくなるだろう。そのことを予測して、私には、私が何びとであるかを述べておくことは、どうしてもしておかねばならぬことのように思われる」

いやはや、何ともすごい自信というか、誇大妄想的な言葉というか、これをどう理解するかは読者に委ねます。

こうした表現は、目次を見ると、もっと明確になってきます。全体は、次の四つの問いに対して、その答えを述べる形で進んでいきます。

なぜ私はこんなに賢明なのか
なぜ私はこんなに利発なのか
なぜ私はこんなに良い本を書くのか
なぜ私は一個の運命であるのか

こうしたタイトルを臆面もなくつけることができるのは、ニーチェをおいて他にないでしょう。注意したいのは、こうしたタイトルのもとで、たんなる自慢話が語られているのではなく、透徹した自己洞察が明らかにされることです。この本があるおかげで、後年の人びとは、ニーチェの生涯や著作を理解するとき、貴重な手がかりをもつことができるのです。もちろん、ここで示されているのは、あくまでもニーチェの自己理解であり、それに追随する必要はありませんが、無視することはできません。そのため、彼の著作を読むときは、ニーチェがそれをどう説明しているか、ぜひとも確認したいものです。

●著者プロフィール
岡本裕一朗（おかもと・ゆういちろう）
1954年、福岡生まれ。九州大学大学院文学研究科修了。博士（文学）。玉川大学名誉教授。専門は西洋近現代思想。著書に、『哲学と人類』（文藝春秋）、『いま世界の哲学者が考えていること』（ダイヤモンド社）、『フランス現代思想史 - 構造主義からデリダ以後へ』（中公新書）、『答えのない世界に立ち向かう哲学講座』（早川書房）、『教養として学んでおきたい哲学』（マイナビ新書）など多数。

マイナビ新書

教養として学んでおきたいニーチェ

2021年9月30日　初版第1刷発行

著　者　岡本裕一朗
発行者　滝口直樹
発行所　株式会社マイナビ出版
〒101-0003　東京都千代田区一ツ橋2-6-3　一ツ橋ビル 2F
TEL 0480-38-6872（注文専用ダイヤル）
TEL 03-3556-2731（販売部）
TEL 03-3556-2735（編集部）
E-Mail pc-books@mynavi.jp（質問用）
URL https://book.mynavi.jp/

編集　糸井一臣
装幀　小口翔平＋三沢稜＋後藤司（tobufune）
DTP　富宗治
印刷・製本　中央精版印刷株式会社

ISBN978-4-8399-7752-8
Printed in Japan